역사를 읽으면 통찰력을 얻는다
중국역사를 읽으면 중국으로 가는 길이 보인다

21일간의 이야기만화 역사기행

만리 중국사

COMIC VERSION OF CHINESE HISTORY 16, 17

Copyright ⓒ 中国美术出版社总社连环画出版社; 编绘: 孙家裕; 主笔: 潘广维 · 李宏日
Korean translation copyright ⓒ 2013 by Korean Studies Information Co., Ltd.
Korean translation rights of 《COMIC VERSION OF CHINESE HISTORY》
arranged with LIANHUANHUA PUBLISHER directly.

21일간의 이야기만화 역사기행
만리 중국사 08권 한 2 (큰글자도서)

초판인쇄 2022년 12월 2일
초판발행 2022년 12월 2일

글 · 그림 쑨자위
글 판광웨이 · 리훙르
옮긴이 류방승
발행인 채종준
발행처 한국학술정보(주)

주소 경기도 파주시 회동길 230 (문발동)
문의 ksibook13@kstudy.com
출판신고 2003년 9월 25일 제406-2003-000012호

ISBN 979-11-6801-956-0 14910

08
권
한
2

중국 문화의 기틀을 다지다

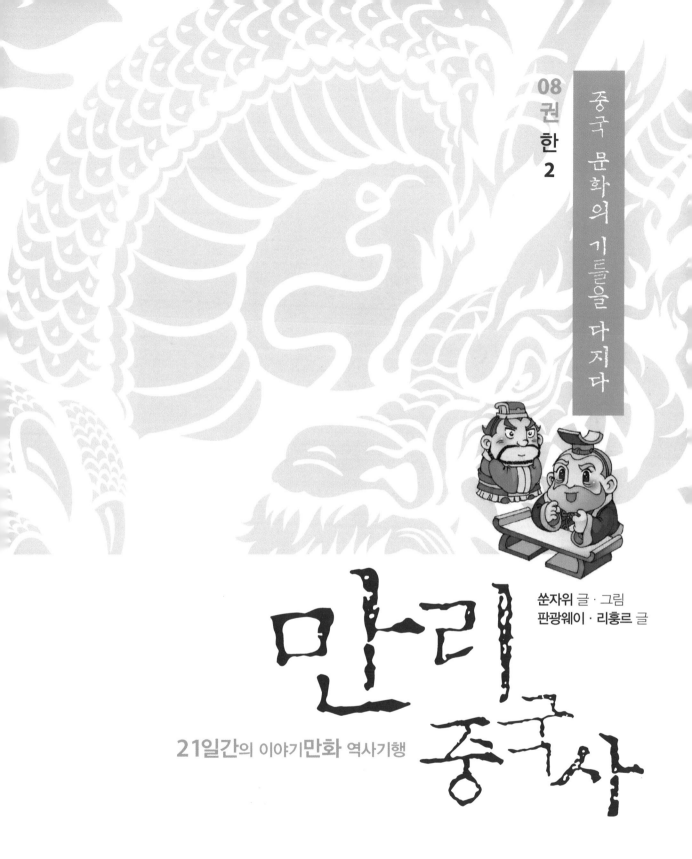

쑨자위 글·그림
판광웨이·리훙르 글

만리 중국사

21일간의 이야기만화 역사기행

이담
Books

중국은 세계 4대 문명 발상지 가운데 하나다. 중화 문명은 아득히 먼 옛날부터 수천 년 동안 전해져 내려오며 상고上古, 하夏, 상商, 주周, 춘추春秋, 전국戰國, 진秦, 서한西漢, 동한東漢, 삼국三國, 서진西晉, 동진東晉, 남북조南北朝, 수隋, 당唐, 오대십국五代十國, 송宋, 요遼, 서하西夏, 금金, 원元, 명明, 청淸 등의 역사 시대를 거쳤다.

중화 문명은 세계에서 가장 오래된 문명이자 가장 오래 지속된 문명이기도 하다. 중화 문명과 어깨를 나란히 한 문명으로는 고대 바빌론 문명, 고대 그리스 문명, 고대 이집트 문명 등이 있다. 어떤 문명은 중국보다 먼저 발생하고, 또 범위도 훨씬 넓었지만 이들은 이민족의 침입 혹은 스스로의 부패로 인해 멸망하여 결국 기나긴 역사 속에서 연기처럼 사라져 버렸다. 중국만이 세계에서 유일하게 문명 대국을 자랑하며 유구한 역사를 이어 오고 있다.

수천 년 동안 중화 민족은 무엇에도 굴하지 않는 강인한 의지와 과감한 탐구 정신, 총명한 지혜로 웅장한 역사의 장을 엶과 동시에 눈부시게 찬란한 물질문명과 정신문명을 창조했다.

이 책의 편집 제작은 정사正史를 바탕으로 진실하고 객관적인 사실을 전달하는 데 주력했다. 또한 역사를 만화 형식으로 풀어 씀으로써 독자들이 아름답고 다채로우며 생동감 넘치는 장면을 느끼리라 기대한다. 독자 여러분들이 쉽고 재미있게 읽는 가운데 역사를 직접 느끼고 역사에 융화되어 깨닫는 바가 있기를 바란다.

지롄하이紀連海
중국 CCTV '백가강단百家講壇' 강사

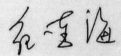

들어가며

중국 문화의
기틀을 다지다

한은 유방劉邦이 장안에 도읍을 정한 서한(西漢, 기원전 202년~서기 25년)과 유수劉秀가 낙양에 도읍을 세운 동한(東漢, 25~220년)으로 나뉜다. 서한 초기에는 진나라 제도를 그대로 답습하고 봉건 통치를 강화했으며, 파탄 난 사회·경제를 회복하기 위해 세금과 요역을 줄여 주는 정책을 실시했다. 이로써 사회·경제가 점차 안정되고, 농업·수공업 및 상업이 모두 눈부신 발전을 이룩했다.

무제武帝 때 이르러 서한의 국력은 전성기를 맞이했다. 무제 유철劉徹은 재위 54년간 정치를 개혁하고 영토를 확장하는 혁혁한 공을 세웠다. 중앙집권 체제 강화를 위해 '추은령推恩令'을 내려 제후 세력을 약화시키고, 승상의 권력을 빼앗았으며, 재능만 있으면 귀천을 막론하고 누구나 등용했다. 또한 소금과 철을 독점 판매하고, '백가를 내치고 유가만을 존숭하는' 정책을 널리 추진했다. 더불어 흉노를 격파하고 장건張騫을 서역에 사신으로 파견, 실크로드를 개척하고 서남방 개발에 나서 한나라 영토를 크게 확장했다.

서한은 문화적으로 최고의 절정기를 맞이하고, 사회·경제적으로도 대대적인 발전을 이룩해 대외 교역이 활발하게 전개됨으로써 당시 세계 강국 중 하나로 자리매김했다. 하지만 후기에 이르러 사회 갈등이 격화되어 결국 왕망王莽에게 정권을 빼앗기고 말았다.

신新나라를 건립한 왕망의 정치 개혁이 실패하고 무리한 전쟁으로 백성의 원성을 사 농민 반란인 녹림綠林의 난과 적미赤眉의 난 등이 일어났다. 한실 후예인 유수는 녹림군의 도움으로 신나라를 뒤엎고 제위를 빼앗아 낙양에 도읍을 정해 동한을 건국했다.

광무제光武帝 유수는 즉위 후 계급 갈등을 완화하고 통치 정책을 정비하는 데 힘썼다. 농민의 조세와 요역 부담을 덜어줌으로써 나라는 점차 안정된 국면을 되찾아 '광무 중흥'을 이룩했다. 동한 중기 이후부터는 황제들의 나이가 대부분 어려 환관과 외척이 교대로 권력을 쥐는 현상이 빚어졌다. 220년, 조조曹操의 아들 조비曹조가 헌제에게 양위를 강요하면서 동한은 결국 망하고 말았다.

동한은 경제, 과학기술, 문화 등의 방면에서 눈부신 발전을 이루었다. 수공업 역시 빠르게 발전해 귀족의 전유물이던 사치품이 민간에까지 널리 전파됐다. 채륜蔡倫은 제지 기술에서 혁신적인 성과를 거두었고, 천문학자 장형張衡은 '혼천의渾天儀'와 '지동의地動儀'를 제작했으며, 장중경張仲景과 화타華陀는 의학사의 한 획을 긋는 위대한 업적을 이룩했다. 이처럼 풍부하고 다채로운 동한의 문화는 지금까지도 널리 칭송받고 있다.

상고 上古		B.C. 약 800만~2000년
하 夏		B.C. 2070~1600년
상 商		B.C. 1600~1046년
주 周		B.C. 1046~771년
춘추 春秋		B.C. 770~403년
전국 戰國		B.C. 403~221년
진 秦		B.C. 221~206년
한 漢	서한 西漢	B.C. 206~A.D. 25년
	동한 東漢	25~220년
삼국 三國_위·촉·오		220~280년
양진 兩晉	서진 西晉	265~317년
	동진 東晉	317~420년
남북조 南北朝		420~581년
수 隋		581~618년
당 唐		618~907년
오대십국 五代十國		907~960년
송 宋	북송 北宋	960~1127년
	남송 南宋	1127~1279년
요 遼		907~1125년
서하 西夏		1038~1227년
금 金		1115~1234년
원 元		1271~1368년
명 明		1368~1644년
청 淸		1644~1911년

한漢

- B.C. 99년 사마천이 흉노에 항복한 이릉을 변호하다 궁형宮刑에 처해짐.
- B.C. 92년 무고巫蠱의 화禍
- B.C. 91년 사마천의 『사기』 완성
- B.C. 81년 염철鹽鐵 논쟁, 소무가 흉노에 억류되었다 19년 만에 귀환
- B.C. 71년 오손과 함께 흉노를 공격함.
- B.C. 66년 곽광 사후 곽씨의 반란이 진압됨.
- B.C. 33년 왕소군이 흉노로 시집감.
- A.D.(이하 생략) 8년 왕망이 한나라 정권을 찬탈, 신新나라 세움.
- 17~25년 녹림군의 기의
- 18~27년 적미군의 기의
- 23년 유수와 왕망 간의 곤양 전투, 신나라 멸망
- 25년 유수가 동한을 개국하고 광무제에 오름.
- 43년 마원이 영남을 평정함.
- 49년 흉노가 둘로 분열되고 남흉노가 한에 복속함.
- 68년 불교가 중국에 전파됨, 중국 최초의 사찰 '백마사' 건립
- 73년 반초가 서역에 사신으로 감.
- 90년 반고의 『한서』 완성
- 91년 한이 북흉노를 격파
- 92년 한 화제가 두헌을 주살, 환관 정치 시작
- 105년 채륜이 제지술을 개량함, 반초가 서역에서 돌아옴.
- 132년 장형이 지동의를 발명
- 141~159년 양기가 전권을 장악
- 166년, 168년, 176년 세 차례에 걸쳐 당고黨錮의 화禍 발생
- 184년 황건군의 기의

차례

◦ 추천사 05

◦ 들어가며 06

◦ 시대별 주요사건 07

한 上

◦ 궁형의 치욕을 딛고 완성된 사마천의 『사기』 15

◦ 궁지에 몰린 유거가 무고의 난을 일으키다 27

◦ 소금과 철 전매를 놓고 논쟁을 벌이다 39

◦ 옥중에 천자의 기운이 감돌다 51

◦ 조충국이 지혜로 강족을 평정하다 63

◦ 왕소군이 흉노로 시집가다 75

◦ 왕망이 왕위를 찬탈하다 87

◦ 유수가 녹림군에 가담하다 99

◦ 유수가 곤양 전투를 대승으로 이끌다 111

한 下

◎ 광무제가 동한을 개국하다 129

◎ 노익장을 과시한 마원 141

◎ 고개가 뻣뻣한 낙양령 동선 153

◎ 불교가 중국에 전파되다 165

◎ 반초가 서역에 사신으로 가다 177

◎ 제지술과 지동의의 발명 189

◎ 황제도 죽인 발호장군 양기! 201

◎ 절대권력 환관과 맞선 이응 213

◎ 대규모 농민 반란, 황건군 기의 225

한 上

○ 궁형의 치욕을 딛고 완성된 사마천의 『사기』

○ 궁지에 몰린 유거가 무고의 난을 일으키다

○ 소금과 철 전매를 놓고 논쟁을 벌이다

○ 옥중에 천자의 기운이 감돌다

○ 조충국이 지혜로 강족을 평정하다

○ 왕소군이 흉노로 시집가다

○ 왕망이 왕위를 찬탈하다

○ 유수가 녹림군에 가담하다

○ 유수가 곤양 전투를 대승으로 이끌다

赴上

漢

인물 소개

사마천司馬遷
서한의 위대한 사학자
이자 사상가, 문학가이다.
그가 저술한『사기史記』는
전설 속의 황제 때부터
한 무제 태조太初 4년까지
총 3천 년의 역사를 담고
있다. 이 책은 '태사공기
太史公記'라고도 부른다.

한 무제武帝
이름은 유철劉徹.
서한의 7대 황제로
한나라의 전성기를
이끌었다.

유거劉據
한 무제의 장자. 훗날 간신들의
박해로 무고巫蠱의 난을 일으켰다가
패하고 스스로 목숨을 끊었다.

상홍양桑弘羊
한 무제 때의 대신. 상인 집안 출신으로
어려서부터 계산 능력이 뛰어났다.
무제의 인정을 받아 높은 벼슬에 올랐고,
중앙 재정을 40년 넘게 통괄했다.

한 선제宣帝
서한의 10대 황제. 본명은 유병이劉病已
인데 즉위 후 이름을 유순劉詢으로 바꿨다.
무제의 증손자이자 유거의 손자이다.
재위 기간 동안 인재를 두루 등용하고
나라를 다스리는 데 온힘을 기울였다.

조충국趙充國
서한의 명장. 말 타기와 활쏘기에 능하고
용맹과 지략을 두루 갖추었으며
멀리 내다보는 식견이 뛰어났다.

왕소군王昭君

이름은 장嬙으로 중국 고대 4대 미녀 중
한 명이다. 원제元帝 때 궁녀로 있다가 훗날
나라를 구하기 위해 스스로 흉노 선우에게
시집갔다. 호한야呼韓邪 선우는 그녀를
'영호연지寧胡閼氏'에 봉했다.

신무현辛武賢

유명한 서한의 대신.
한 선제 원강元康 때 주천태수를 지냈다.
서강西羌 귀족들이 반란을 일으키자
파강장군에 임명돼 반란을 평정했다.

왕망王莽

신新나라의 건립자.
서한 말기에 사회
갈등이 크게 격화
되자 조야 모두에서
위기를 타개할
적임자로 선출되었다.
서기 9년, 신나라를
세우고 신정新政
추진을 선포했다.

왕정군王政君

원제 유석劉奭의 황후
이자 성제成帝 유오劉驁
의 생모로 왕망의 고모
이기도 하다. 선제 때
태어나 일생 동안 일곱
왕을 섬기며 세상 풍파
를 다 경험했다. 중국
역사상 가장 장수한
황후이다.

경시제更始帝

이름은 유현劉玄. 서한에서 동한으로
넘어가는 시점에 녹림군綠林軍이
수립한 경시 정권의 황제이다.
유현은 본래 서한의 황족으로
광무제 유수의 족형이다.

광무제光武帝

동한의 개국황제로 이름은 유수劉秀이다.
신나라 말년에 형과 함께 기병했으며,
25년, 하북에서 황제를 칭하고 동한을
건국했다. 천하를 평정한 후에
생산력을 발전시키고 유학을 부흥하여
2백 년 동한 왕조의 기반을 닦았다.

왕읍王邑

왕망의 사촌동생으로 신나라의
대사공을 지냈다. 왕망 정권의
주요 장수 중 한 명이다.

시대별지도 —
한漢

선비鮮卑

흉노匈奴

유주幽州

양주涼州   백등산白登山   기주冀州

병주并州

낙양洛陽(동한)   청주青州
◉

장안長安(서한)
◉   연주兗州

곤양昆陽

한漢   오吳

강羌   익주益州

형주荊州   양주揚州

N
NW   NE
W   E
SW   SE
S

궁형의 치욕을 딛고 완성된 사마천의 『사기』

태사령은 역사적 사건을 기록하고 사서를 편찬하며 천문·역법을 관장하는 관직이다. 무제 초기에 태사령 직은 옛날 하나라 때부터 사관을 지낸 사마씨의 후손 사마담 司馬談이 맡고 있었다.

아버지, 『좌전』을 다 암송했어요!

잘했구나.

천아, 이 역사 서적들을 꼭 다 외워야 한다.

저도 아버지처럼 훌륭한 태사령이 되길 바라시죠?

그렇단다.

우리 사마씨는 대대로 사관을 지낸 집안이라 후대에 가장 진실한 역사 기록을 남겨야 한다!

간혹 동일한 사건을 다룬 두 사서의 기록이 완전히 다를 경우에는 어떻게 하죠?

사관이 미화한 사서들도 있으니 역사적 진실을 찾으려면 반드시 현지에서 조사를 벌여야 한다.

아~

그럼 제가 각 지방을 다니며 진실한 자료들을 모아올게요!

사마천은 아버지의 권유에 따라 천하를 답사하며 실제 기록들을 모으기 시작했다. 답사 말기에 그는 풍현을 방문했다.

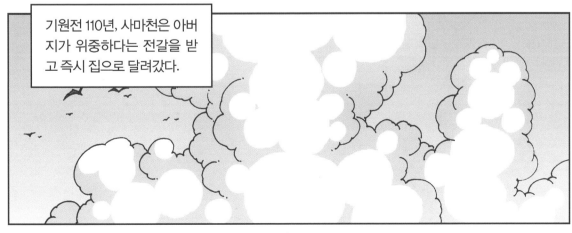

천아, 내가 더 이상 사서를 쓸 수 없게 됐으니 뒷일은 네게 부탁한다.

걱정 마세요. 제가 아버지의 소망을 꼭 이뤄 드릴게요.

네가 그렇게 말하니 편히 눈을 감을 수 있겠다.

사마담이 죽은 후 사마천이 태사 령 직을 이어받았다. 부친의 유 지를 받들기 위해 사마천은 길고 긴 사서 편찬 작업에 매달렸다.

무…무서워.

이릉 이놈~! 전쟁에서 패해 전군이 몰살된 것도 모자라 흉노에게 투항하다니!

그의 가족을 모두 죽이고 말겠어!

폐하, 이릉이 5천 군사로 8만 흉노 대군과 맞섰으니 실패는 자명한 결과입니다.

패배한 장수를 이렇게 벌하시면 대신들이 벌벌 떨게 됩니다.

감히 날 가르치려 드느냐?

전분, 사마천이 이릉을 변호한 것은 어떤 죄에 해당하느냐?

19

사형에 처해야 마땅합니다.

여봐라, 사마천을 우선 옥에 가두어라!

이제 죽었구나.

킥킥!

사형을 면하려면 두 가지 방법이 있소. 돈을 내고 풀려 나거나 궁형*을 받는 것이오.

사서 작업을 완성하려면 무슨 일이 있어도 살아남아야 해!

* 궁형宮刑
　고대 중국에서 행하던 오형五刑 가운데 하나. 죄인의 생식기를 없애는 형벌이다.

20

하지만 집에
그렇게 많은
돈이 없으니
……

내 궁형을
받는 걸로
하겠소.

진정이오?

궁형을 당하면
후사가 끊기니
한 번 더 생각해
보시오.

이미 마음을
정했소.

엉엉……

쯧쯧

으악!

21

에휴, 불쌍해서 어쩌누? 이제 남자 구실도 못하고.

궁형을 당하고 나니 알겠어. 난 생각만큼 강한 사람이 아니었어.

천아......

아버지, 전 이제 어떡하면 좋아요?

굴원과 좌구명을 생각하고 또 공자를 떠올려라. 그들이 당한 고통은 결코 너보다 작지 않았단다.

아버지, 아버지!

그래, 굴원은 유배를 당하고도 「이소」를 썼고, 좌구명은 두 눈을 잃고도 『국어』를 편찬했어!

또 공자는 가난한 가운데서도 『춘추』를 썼잖아?

목숨이 붙어 있는 한 내 사명을 반드시 완수하고 말겠어!

I can do it!

사마천은 마음을 다잡고 자신의 사명인 사서 편찬에 매진했다.

23

옥중에서 사마천이 쓴 사서입니다. 안에는 폐하에 관한 얘기도 있습니다.

내 얘기?

사마천은 인재로구나. 그때 과한 형벌을 내린 게 좀 후회되는군.

아니, 짐에 대해 이렇게 써 놓다니!

아오!

폐하!

무제는 즉각 사마천을 불러 이 일을 따졌다.

사마천, 이것은 짐에 대한 앙갚음이냐?

탁!

신은 사실대로 기록한 것일 뿐, 일부러 폐하를 비방한 것이 아닙니다.

설사 이 기록이 사실이라 해도 짐은 행간에서 원망이 가득함을 느꼈다!

폐하의 의심이 지나치십니다.

사마천이 쓴 사서는 후세에 길이 빛날 만큼 훌륭해.

괜히 윽박질렀다간 나를 더 형편없게 쓸지도 몰라.

네 문장이 매우 빼어나서 널 풀어 주기로 결정했다.

신이 잘못 들은 것은 아니겠죠?

변덕이 심하시네.

25

너를 중서령에 임명하겠다. 궁 안에 장서들이 풍부하니 마음껏 보도록 하라.

성은이 망극하옵니다!

사마천은 장장 14년간의 노력 끝에 『사기史記』를 저술했다.

드디어 완성했다!

아버지, 제가 인고의 세월 끝에 당신의 염원을 이루었습니다!

사마천이 쓴 『사기』는 중국 최초의 기전체 사서로, 루쉰*은 "역사가의 빼어난 노래요, 운율 없는 「이소」"라고 칭송했다.

* 루쉰魯迅
중국 근대의 대표적인 사상가이자 문학가로 일제에 맞서 민족 의식을 고취했다. 대표작으로 『광인일기』, 『아큐정전』 등이 있다.

궁지에 몰린 유거가 무고의 난을 일으키다

한 무제 말기에 간신 강충*은 무제 사후 태자 유거에게 보복당할까 두려워 먼저 그를 없애기로 결정했다. 이때 마침 제읍공주와 양석공주가 무고** 사건에 연루됐고, 무고를 행하는 자는 사형에 처한다는 법률에 따라 무제는 그들에게 사형을 선고했다.

폐하께서 독한 마음을 먹고 공주에게 사형을 내렸으니 태자도 예외가 아닐 것입니다.

강충

이번 무고 사건을 대인에게 맡겼으니 태자에게 죄를 뒤집어 씌울 좋은 기회입니다.

태자의 궁에 무고 몇 개만 묻어 놓으면 ······

* 강충江充
　무제 때의 간신. 태자 유거와 사이가 좋지 않아 그를 죽이려다가 오히려 무고의 난을 만나 유거에게 죽임을 당했다.

** 무고巫蠱
　나무 인형 같은 것을 땅에 묻어 초자연적인 무술의 힘을 빌려 상대방을 저주하여 죽이는 술법.

하지만 태자의
박망궁은 경비가
삼엄해서 무고를 묻기
쉽지 않을 텐데.

구익부인은 자기
아들 유불릉劉弗陵을
태자로 삼고 싶어
하니 찾아가 도움을
청하십시오.

그래? 당장
구익부인을
찾아가야겠다!

태자 유거의
처소에 무고를 묻는
일은 저에게
맡겨 주세요.

부탁
드리겠습니다!

28

참, 일이 성사되면 잊지 말고 폐하께 불릉을 태자로 삼아 달라고 말씀 드리셔야 해요.

꼬~옥!

여부가 있겠 습니까. 저만 믿으십시오.

강충과 구익부인은 미리 손발을 맞춰 태자의 처소에 무고를 묻어 두고 무제의 명을 빌미로 박망궁으로 쳐들어갔다.

수색해라!

맘대로 찾아봐라. 여기 무고 따위는 절대 없다!

대인, 태자의 침대 밑에서 무고 몇 개를 발견했습니다!

뭐라고? 그럴 리가 없다!

네놈이 날 모함하는 게 분명하다!

그건 폐하께 가서 말씀 하시지요.

강충은 무고를 가지고 쾌재를 부르며 무제에게 달려갔다.

신이 태자의 처소에서 이 무고를 찾아냈습니다.

태자가 짐이 빨리 죽기를 저주했단 말이냐?

당장 태자를
잡아들여라!
짐이 직접 심문
하겠다!

예, 폐하.

이런
죽일 놈!

탁!

장안 교외의 별전인
이곳 감천궁은
박망궁에서 꽤 멀리
떨어져 있습니다.

잠시 쉬시면서
화를 좀 누그러
뜨리십시오.

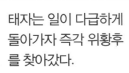

태자는 일이 다급하게
돌아가자 즉각 위황후
를 찾아갔다.

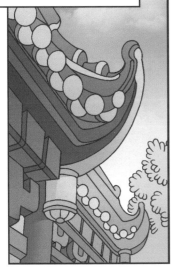

어마마마,
저 좀 살려 주세요.
부황께서 절
죽이려 하세요.

네 외삼촌인 위청과 사촌형 곽거병이 모두 세상을 떠나서 폐하께 우리 얘길 해 줄 사람이 없구나.

석덕, 무슨 좋은 방법이 없겠소?

즉각 강충을 잡아들여 진실을 밝히고 천하에 무죄를 알리십시오!

조정 대신을 체포하는 건 명백한 반란 아니오?

지금 찬밥 더운밥 가릴 때가 아닙니다!

알겠소. 그렇게 합시다!

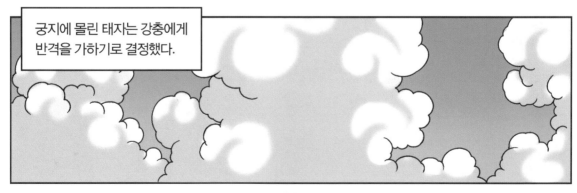

궁지에 몰린 태자는 강충에게 반격을 가하기로 결정했다.

32

33

저 간신 놈을
참형에 처하라!

폐하께서 널
용서치 않을
것이다!

강충은 진짜
주범이 아니라고
사료됩니다.

가만있자, 조정에서
나와 사이가 가장 나쁜
이는 좌승상 유굴리란
말이야. 그는 내 동생인
창읍왕 유박과
사돈이니······

그럼
누구란
말이오?

유굴리가 태자에게
누명을 씌워 해친 다음
창읍왕을 태자로
삼으려는 게 분명
합니다!

당장 유굴리를
없애러 갑시다!

유굴리,
짐의 침궁까지
어인 일이냐?

태자가 강충을
죽였습니다!

뭐라고?

태자가 많은 군사를
이끌고 승상부를 포위한
채 신이 막후 조종자라
떠들고 있습니다.
신은 혼란을 틈타 겨우
빠져나와……

태자가 짐의
명도 무시하고,
대체 무슨 일이란
말인가?

태자가 폐위되면
창읍왕이 그 자리
에 앉을 수 있어.
이참에 태자를
제거해 버리자!

승상부를 포위한 건 반란의 구실이 아닐까 의심됩니다.

뭣이라?

사실 여부를 떠나 즉각 군대를 소집해 태자를 잡아들여라!

예, 폐하!

크크!

관군이 몰려오자 태자 유거는 두 아들을 데리고 장안을 빠져나갔다. 무제는 크게 노해 유거의 생모인 위황후에게 자결을 명하고, 태자와 관련된 자들을 모두 옥에 가두었다.

민초는 태자가 결코 모반할 마음이 없었다고 사료됩니다.

그를 너무 가혹하게 대하지 마시고, 오랜 기간 밖에서 떠돌지 않게 하십시오.

이 상서를 올린 영호무는 어떤 사람이냐?

호관의 삼로* 입니다.

영호무의 말이 일리가 있어. 이번에 확실히 내가 지나쳤어.

* 삼로三老
도덕 교화를 관장하는 직책.

신안령 이수가 태자의 목을 바쳤습니다!

짐이 태자를 죽이지 말라 했거늘……

진행이 뭐 이리 빨라!

태자가 추격병이 많은 걸 보고 더 이상 가망이 없자 목을 맸답니다!

고조묘의 낭관 전천추田千秋가 급히 상서를 올렸습니다!

신의 꿈에 고조께서 나타나 태자가 억울한 누명을 썼다며 ……

고조께서 꿈에 나타나 날 질책 하시니 태자는 누명을 쓴 게 분명하다!

전천추를 대홍려에 임명해 태자 사건을 재조사하도록 명하라!

예, 폐하!

전천추,
무고 사건은
조사가
끝났느냐?

네.

조사 결과
태자는 누명을
썼음이 밝혀
졌습니다.

짐이 정말
태자를
오해했구나!

세상에!
유거야…

아들아,
널 볼 면목이
없다!

무제는 나이 어린 유불릉을 태
자에 봉하고, 여후가 전권을 휘
두르는 전철을 밟지 않기 위해
유불릉의 생모인 조구익에게 자
결을 명했다.

38

소금과 철 전매를 놓고 논쟁을 벌이다

무제 때 전쟁이 빈발하여 군비 지출이 늘어남에 따라 국고가 텅 비게 되었다.

정당시, 곡물을 관리하는 대농령으로서 국고 수입을 신속히 늘릴 방안을 연구해 보아라.

그게 생각만큼 쉽지 않은지라……

참, 산동의 소금상 동곽함양과 하남의 철 상인 공근은 천하 갑부이니 그들에게 물어 보심이 어떨는지요?

탁!

짐이 어찌 신분이 미천한 상인에게 자문을 구한단 말이냐!

용서해 주십시오!

방법을 찾지 못하면 네게 엄중히 죄를 물을 것이다!

무제의 명이 떨어지자 정 당시는 수소문 끝에 상홍 양이란 인재를 얻었다.

여기 상홍양 에게 국고 수입을 빨리 늘릴 방법이 있다고 합니다.

나이도 어린데 어찌 나라의 큰일을 논한단 말인가?

나이가 어리다고 저를 얕보지 말아 주십시오.

상홍양은 대단 한 재주를 가지고 있습니다.

그럼 네가 생각한 방법을 말해 보아라.

40

소금, 철, 술의 생산과 판매를 나라가 나서서 관리하는 겁니다.

이것들은 백성의 생활 필수품인데

이를 판매하는 상인들이 관리와 결탁해 물가를 올려 해를 끼치고 있습니다.

호오~

나라로 귀속된다면 관리와 상인의 결탁을 막을 뿐 아니라 국고 수입도 늘릴 수 있습니다!

그거 참 묘안이로다!

너를 대농승大農丞으로 임명할 테니 소금, 철, 술의 매매를 책임 관리하라!

감사합니다, 폐하!

나라에서 소금, 철, 술을 전매한 후 재정 수입은 크게 증가했지만 많은 지주와 상인의 이익을 해치게 되었다.

소금, 철, 술의 전매 정책을 취소해 주십시오!

기원전 87년, 소제昭帝가 즉위하자 전매법을 반대하는 일부 대신들은 새 황제가 전매 정책을 폐지해 주길 바랐다.

이는 백성과 이익을 다투는 일로 자칫 백성을 빈곤에 빠뜨릴까 염려됩니다!

신은 곽광* 대인의 의견에 반대합니다!

소금, 철, 술의 전매는 국가 재정의 중요한 원천입니다. 군비가 충족해야 흉노와의 전쟁도 지탱할 수 있습니다.

* 곽광霍光
한나라의 정치가. 무제 사후 소제를 보필하여 정사를 주관했다.

전매는 취소해야 한다!

어린 놈이!

절대 취소할 수 없습니다!

끙—

됐으니 그만들 싸우시오!

짐이 민간의 현명한 이들을 모아 회의를 열고 전매 정책을 토론에 부치겠소.

영명하신 판단입니다.

이에 조정은 민간 대표들을 수도로 불러 회의를 개최했다. 정부 측 인사로는 상홍양이 대표로 참석했다.

저벅 저벅

유생들이 왜 이렇게 많이 왔지?

무제께서 독존 유술* 정책을 시행 하신 후 민간에 유생이 급격히 늘었습니다.

자, 토론을 시작합시다!

소금, 철, 술의 전매 정책이 농업의 발전을 억제하고 있습니다!

VS

전매 정책은 변방 방어 경비를 충당하기 위한 것이오!

인정을 시행하면 천하에 적이 없어 지는데 어찌 군비가 필요합니까?

* 독존유술獨尊儒術
　　오직 유가만을 존중하는 것으로 한 무제 때 유교를 국교화함.

44

45

전매 정책의 오류를 차근차근 검토해 보지도 않고 왜 우리 의견을 귓등으로 들으십니까!

세상 물정 모르고 쓸데없는 말만 늘어놓는 유생들이구나!

우리 유생이 말이 많다고 싫다 하는데, 우리도 부귀나 탐하는 대인 같은 관원들이 싫소이다!

무슨 헛소리냐!

탁!

트집만 잡는 너희 유생에게 짜증나는 것도 당연하다!

충언은 귀에 거슬리는 법. 우리도 이 나라를 위해 걱정하고 있습니다!

46

계속 말해
보시오!

봄 여름에 만물이
생장하니 성인이 이를
본받아 정령을 제정
하고, 가을겨울에
만물이 움츠러드니
이를 본떠 법률을
시행했습니다.

정령과 법률은
나라를 다스리는
도구여서 마음대로
고칠 수 없고……

고서를 끌어안고
흥얼거리는 건
그대들이 나보다
훨~씬 낫군.

우릴
모욕하는
겁니까?

세상이 변하는데
이전의 정책을
현시점에 적용하는
것은 멸망을
자초하는 길이다!

틀린 말은 아니지만 성인이 제창한 인의의 정치는 항구불변의 진리입니다!

너희들이 숭상하는 성인은 열국을 주유했지만 결국 군왕에게 무시당한 바보 공구 아닌가?

헐~

우씨!

어떻게 감히 성인을 모욕할 수 있소?

난 진실을 말한 것 뿐인데…

내가 뭘~

자신의 방법이 통하지 않을 줄 뻔히 알면서도 사방을 다니며 유세한 건 아집이고, 벽에 부딪히는데도 단념하지 않는 건 완고함이다.

무시당하면서도 여기저기 분주히 다닌 건 우둔함이며, 막다른 골목에 몰리고 모욕을 당하면서도 구차하게 살아가는 것은 파렴치한 짓이다.

공자께서는 사방을 다니시며 각국이 인정을 행하길 바라셨소.

하지만 어리석은 군주와 그를 질투하는 신하들만 만날 줄 어찌 알았겠소?

무슨 그런 억지를!

무엄하구나! 감히 말을 돌려 지금의 폐하와 조정 대신들을 욕하다니!

오늘 토론은 여기서 이만 끝내겠소!

이 회의는 수일 동안 이어져 전매 정책부터 나라의 정책 방향까지 끊임없이 토론했다. 법가를 숭상하는 상홍양과 유생 사이에는 격렬한 논쟁이 벌어졌다.

곽광, 전매 정책 토론은 어찌되었소?

여기 토론 기록이 있으니 살펴보십시오.

상홍양의 말이 일리가 있구려.

하지만 조금도 양보하지 않으면 유생들이 말썽을 일으킬까 우려됩니다.

소금과 철 전매는 국고의 가장 중요한 수입원이라 절대 포기할 수 없소.

그래도 하나는 취소되었구나!

그렇다면 술 전매 제한을 취소합시다.

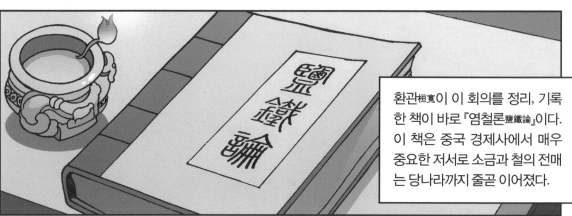

환관桓寬이 이 회의를 정리, 기록한 책이 바로 『염철론鹽鐵論』이다. 이 책은 중국 경제사에서 매우 중요한 저서로 소금과 철의 전매는 당나라까지 줄곧 이어졌다.

옥중에 천자의 기운이 감돌다

무고의 난에 연루되어 태자 유거의 일가는 참형에 처해졌다. 이때 옥관 병길*은 갓 태어난 유거의 손자 유병이를 차마 죽이지 못하고 옥에 가두었다.

제가 하늘의 기운을 살피는데 장안의 감옥 안에서 어렴풋이 천자의 기운이 보입니다.

설마 옥 안에 한나라 강산을 뒤엎을 역적이 갇혀 있단 말인가?

당장 장안성 옥 안의 죄수를 모조리 죽여라!

* 병길丙吉
무고의 난 때 유거의 손자인 유병이를 구했다. 유병이가 황제에 오른 후 어사대부, 승상을 지냈다.

51

옥관 병길은 옥 안의 죄수를 모두 처형하라!

네엣? 몽땅?

신은 명을 따를 수 없습니다.

감히 황명을 거역하느냐!

폐하의 증손이 옥 안에 있는데 그를 죽일 작정입니까?

그가 왜 옥에 갇혀 있소?

그는 전 태자 유거의 손자로 여차저차해서 ……

유거가 손자를 남긴 줄 몰랐구나!

방사가 말한 천자의 기운이 유병이였다니 ……

옥 안의 죄수를 죽이라는 명은 취소할까요?

즉각 취소하라!

물론!

유병이를 액정령에게 맡겨 키우도록 하고 그를 황실 족보에 올려라!

예, 폐하!

무제 사후에 즉위한 소제 유불릉은 얼마 안 돼 병사했는데 후사를 남기지 않았다. 이에 대신들은 창읍왕 유하를 황제로 옹립했다. 그러나 유하가 황음무도하자 대사마 곽광이 그를 즉각 쫓아냈다.

곽 대인, 나라에 하루라도 군주가 없어서는 안 되니 제가 새 황제를 추천할까 합니다.

오, 병길 대부, 얼른 말해 보게!

태자 유거의 손자인 유병이를 추천합니다.

음, 유병이는 민간에서 자라 학식과 인품이 매우 훌륭해.

대신들의 의견은 어떻소?

그분이라면 저희도 이견이 없습니다.

기원전 74년, 유병이는 대신들의 지지를 받아 한 선제로 즉위했다. 하지만 실권을 곽광이 쥐고 있어 그는 허수아비 황제나 다름없었다.

다 다 다

폐하, 선조 사당에 제사 지낼 물품은 준비됐습니까?

이미 다 준비했소.

곽광을 볼 때마다 가시방석에 앉은 것처럼 너무 불편해.

권력을 손아귀에 쥐고 멋대로 휘둘러서 무슨 일도 그의 안색을 살펴야 되니, 원.

앞으로 어떤 일이든 먼저 대사마에게 보고한 다음 짐에게 알리시오.

폐하, 이 조치는 온당하지 않습니다.

짐이 그대에게 크게 의지하는데 너무 겸손해하지 마시오!

황위를 보전 하려면 곽광의 비위를 맞추는 수밖에 없어.

끙……

부군, 왜 그렇게 한숨을 쉬세요?

폐하께서 우리 딸을 황후로 삼는 데 반대 하고 있소.

폐하는 당신 말이라면 뭐든 듣지 않나요?

그런데
이 일만은 강력히
반대해서 골치가
아프구려.

그럼 누구를
황후로 세우
려고 하죠?

허평군의
머리를 얹어
주려고 하오.

흥, 허평군이라는
걸림돌을 제거하고
반드시 내 딸을
황후에 앉히고
말겠어!

하지만 선제의 의지가 워
낙 확고한 탓에 허평군이
황후에 올랐다. 그런데 2
년 후에 허황후가 갑자기
죽는 사건이 발생했다.

허황후가
이유 없이 죽어서
폐하께서 조사를
시작했소.

57

조사할 필요 없어요. 황후는 제가 독살했어요.

뭐?

당신 미쳤구려! 황후 독살은 구족을 멸하는 대죄란 말이오!

우리 딸을 황후로 만들려고 한 일이란 말이에요!

온 집안이 목숨을 부지하려면 자수하는 길뿐이니, 얼른 자수 하시오!

일이 이렇게 커질지 몰랐어요. 제발 저 좀 살려 주세요!

아, 이 일을 어쩐담?

이에 곽광은 직접 황후 사망 사건을 맡아 거짓으로 황후가 병사한 것처럼 꾸몄다.

대사마의 조사로는 황후가 병사한 것이라 합니다.

거짓말!

황후는 서른도 안 됐고 평소에 몸도 건강했는데 어떻게 갑자기 병사한단 말이오?

저는 대사마의 말을 전한 것뿐입니다. 그리고 그가 자신의 딸 곽성군을 황후로 추천했습니다.

왜 나한테 그래?!

황후의 죽음으로 가장 득을 보는 게 곽광이란 말인데……

곽성군을 황후로 삼으시겠습니까?

짐이 어찌 거절하겠소.

난 자기 부인도 지키지 못하는 무능력자로구나.

큰일 났습니다!

또 무슨?!

병사 수천 명이 갑자기 대사마의 가마를 막아서고, 관문 밖에서는 백성 수만 명이 모여 어전에 고발하러 상경을 준비한다 합니다!

대체 어찌된 일이냐?

하남태수 위상이 대사마에게 처벌받자 하남 출신 사병과 백성들이 억울함을 하소연하는 것입니다.

위상이 민심을 크게 얻었구나. 그를 내 사람으로 만들면 곽광을 제거하는 데 큰 힘이 되겠어!

짐이 위상을 용서하니 대사마에게 그를 사면하도록 하라!

기다려라, 곽광!

선제 덕에 죄를 사면받고 관직에까지 임명된 위상은 나랏일이 심히 걱정돼 선제를 찾아갔다.

위상, 한밤중에 어인 일이오?

한의 기반을 공고히 하려면 반드시 곽광의 세력을 약화시켜야 합니다.

내가 찾기도 전에 먼저 나를 찾아왔구나.

곽광이 황후를 살해한 일부 증거를 제가 가지고 있습니다.

곽광은 권력이 막강하여 증거가 공개되면 반란을 일으킬 것이오.

곽광이 불치병을 앓고 있는데 오늘 내일 한다 합니다.

그럼 그가 죽은 후에 손을 써도 늦지 않소!

기원전 68년, 곽광이 병사하자 곽광 부인의 허황후 독살 사건이 만천하에 알려졌다.

곽씨 집안은 궁지에 몰려 모반을 획책했지만 만반의 준비를 갖춘 선제 유병이에게 일망타진되고 일족이 몰살당했다.

조충국이 지혜로 강족을 평정하다

강족은 융적의 일족이다. 한 나라는 서역 일대의 강족을 정복하고 호강교위를 설치하여 이들을 다스리게 했다. 그런데 일부 부락이 한의 통치에 불만을 품고 자주 반란을 일으켜 골칫거리였다.

강족의 선령 부락이 우리 땅인 하서 주랑에서 방목을 하고 싶다는데, 조 장군의 생각은 어떻소?

이 조충국은 강족의 요구를 절대 수용할 수 없습니다!

왜죠?

하서 주랑은 흉노땅과 인접해 지리적 위치가 대단히 중요합니다!

강족이 하서 주랑으로 들어와 흉노와 결탁해 한나라를 침입할까 걱정인 거죠?

맞습니다.

선령 부락과 흉노가 줄곧 긴밀한 관계를 유지하니 반드시 주의해야 합니다.

짐이 당장 강족의 진입을 금지시키겠소.

선령 부락과 한, 견 부락 등이 경고를 무시하고 하서 주랑에 무단 침입했습니다!

뭐라고?

강족이 우리와 전쟁을 벌이기로 작정한 모양입니다!

하서의 관원들에게 응전 태세를 갖추라는 명을 내리십시오!

당장 그리하리다.

강족의 기습을 받은 변방의 한나라 군대는 많은 사상자를 내고 영거까지 물러났다. 이에 선제는 조충국에게 강족을 토벌하라는 명을 내렸다.

장군, 강족의 정탐병들이 보입니다!

신경 쓰지 마라.

왜 당장 출격하지 않습니까?

급히 싸우다간 도리어 매복에 걸리기 십상이다.

조충국이 출병을 차일피일 미루자 장수들의 불만도 점점 높아졌다.

조 장군, 대체 언제 싸울 작정이십니까?

대군이 막 당도하여 사기가 충만할 때 적을 쓸어 버려야 하는데, 왜 계속 꾸물대시냐고요?

신무현, 너무 서두르지 말게.

자네는 욕속부달*의 이치를 모르는가?

코 후비면서 말하지 마!

1년이 지나도록 조충국이 나가 싸우지 않자 선제는 그를 못 미더워해 출격을 종용했다.

폐하께서 즉시 한, 견 부락을 공격하라고 명하시는구나.

드디어!

* 욕속부달欲速不達
어떤 일을 급하게 하면 도리어 이루어지지 않는다는 뜻.

66

뭘 기다리
십니까? 빨리
출전하시죠!

안 된다!

어명을 거역
하시려고요?

장수가 밖에
있으면 군명을
듣지 않는
법이다.

이……

그럼 어명도
있고 하니 선령
부락을 치러
가자!

우리보다 약한
한, 견 부락을 치지
않고 왜 가장 막강한
선령 부락을
공격합니까?

네 말이
맞다만…

적을 잡으려면 먼저 두목을 잡아야 하는 법. 따라서 나는 가장 강한 부락을 공격하려는 것이다.

그래도 좀 더 숙고하심이 어떨까요?

걱정 마라. 선령 부락은 우리 적수가 못 된다.

조충국이 이리도 오만방자할 줄이야……

선령 부락

한나라가 쳐들어온다!

빨리 수령님께 알리자!

수령님은 지금 안 계셔.

한나라가 분명 한, 견 부락을 공격할 거라, 여기는 얼씬도 안 할 거라면서 경계를 늦춰도 된다고 하셨거든.

수령님은 거짓말쟁이! 도망가는 게 상책이다!

대비가 전혀 없었던 선령 군사들은 한군을 보자마자 꽁무니를 뺐다.

다들 왜 싸우지도 않고 달아나지?

적을 굳이
쫓지 마라.

적을 살려
주자는
말씀입니까?

병법에 도망가는
군대를 막지 말라는
말이 있다. 저들이
궁지에 몰리면 목숨을
걸고 싸울 것이다.

대체
언제 싸워?

전쟁을 용기로
하지, 무슨
병법으로 하나?

1년 넘게 일부러
쥐 죽은 듯 있었더니
선령 군대가 이리도
산만해졌구나!

조충국은 선령을 물리친
후 한, 견의 귀족인 미당
아를 불러 회유했다.

미당아,
선령이 격퇴됐는데
왜 아직 귀순하지
않는가?

장군의 신출
귀몰한 활약에 한,
견 부락은 한에
귀순하겠습니다.

폐하께서 너희들이
귀순하면 전의
반란을 용서해
준다고 하셨다.

황제의 은택에
감사드립니다!

신무현 군영

조충국이
선령을 공격할 때
꾸물대는 바람에 강족
병사를 7, 8천 명이나
놓치고 말았어.

71

그를 따라 전투에 나가면 난 영원히 공을 세울 수 없다고!

내가 폐하께 직접 상소를 올리고 선령 부락을 완전히 궤멸해 버리자!

선제는 신무현의 전투 요청 편지를 받고 신무현과 허연수에게 선령 부락을 소탕하라고 명하고, 조충국은 본인의 의사에 따라 금성군에서 땅을 개간하고 밭을 경작하도록 했다.

이 상황에 밭이나 일구시고…

이 정도면 전군이 충분히 먹고도 남겠어.

이제 강족이 우르르 투항해 오면 난 또 공을 세우게 되겠지?!

장군님, 아닐걸요?

72

신무현 장군이 강족을 공격하는데 왜 그들이 우리에게 투항하죠?

하하, 그건 차차 알게 될 거다.

신무현은 성격이 잔악해서 선령 부락은 분명 그가 아니라 나에게 투항해 올 것이라고!

하하, 이번에 선령 부락을 평정한 내 공은 결코 작지 않다!

이번에 가장 큰 공을 세운 이는 장군이 아니라 조 장군이오.

그는 병사를 하나도 내지 않았는데 왜 공이 가장 크단 말이냐?

장군이 죽인 선령 군사는 2천인데 조 장군에게 투항한 군사는 5천이 넘소.

아이고, 뒷목이야!

하 하 하!

이듬해 모든 강족 부락이 투항했다. 이로써 강족이 서역 일대에서 일으킨 반란이 마침내 평정되었다.

74

왕소군이 흉노로 시집가다

선제 때 흉노에 내분이 일어나 그 중 일파인 호한야呼韓邪 선우가 무리를 이끌고 한나라에 몸을 의탁했다. 그는 한나라의 도움으로 흉노로 돌아가 내분을 진압하고 자신의 통치권을 확립했다. 원제元帝가 선제의 황위를 이은 후 호한야 선우는 한나라에 화친을 청했다.

빨리 모여 봐. 이번에 흉노에 시집보낼 궁녀를 뽑는데.

고향을 떠나 잘 알지도 못하는 흉노인과 함께 사는 건 할 짓이 아냐.

뭐야?!

뽑히기만 하면 폐하께서 공주에 봉한다고 약속하셨어.

누굴 바보로 아나. 황량한 사막으로 시집가는데 공주면 뭐하라고?

다들 그만 가자!

왕소군,
아직까지 거기
서서 뭐해?

궁에서 허송세월
하느니 차라리
흉노에 시집가는 게
어떨까 해서……

왕소군이란
궁녀가 흉노에
가길 자원했습니다.
여기 그녀의
초상입니다.

용모는
평범하구나.

그럼 그녀를
보내라!

예, 폐하!

76

왕소군이 흉노로 시집가기 전에 인사를 올리겠다고 합니다.

그녀를 들라 해라!

오, 절세미인 이로다!

신첩 왕소군 특별히 폐하께 감사 인사 드립니다!

네가 진정 왕소군이냐?

여봐라, 당장 왕소군의 초상화를 가져 와라!

이게 어딜 봐서 왕소군이란 말이냐?

천하의 절색을 어찌 이렇게 망쳐 놨단 말인가?

이 그림은 누가 그린 것이냐?

누구야, 진짜?!

탁!

모연수가 그린
것입니다. 신첩이 그에게
뇌물을 주지 않자 일부러
신첩을 추하게
그렸습니다.

당장
모연수란 놈의
목을 베어라!

예예, 폐하!

흉노는 몹시
추운 곳이라 네가
견디지 못할까
걱정이구나.

그냥 짐 곁에
머무는 게 어떠하냐?
혼사는 짐이 따로
알아서 하겠다.

폐하……

흉노와 한은
수백 년간 전쟁을
치른 터라 신첩이
미약하나마 양국의
우호에 보탬이 되고
싶습니다.

호한야 선우가 이미 왕소군을 봤기 때문에 갑자기 사람을 바꾸시면……

아, 왕소군을 속절없이 떠나 보내야 한단 말인가!

쏴

쏴

덜컹

덜컹

내 다시는 고국을 볼 수 없을지도 모르겠구나!

힝~

무슨
일이에요?

공주님, 말이 무슨
영문인지 소리만
지르고 앞으로 가질
않습니다.

말도 차마 고향을
버리고 떠나지
못하는 것이구나.

내 비파를
다오.

가을 나무는
무성한데 잎은
누렇게 말랐구나.
산 속의 새는 뽕나무
밑동에 모여
노래하네.

잘 자란 털은
용모를 더욱 빛내
주네. 둥둥 떠다니는
구름이 황궁의
내실로 이끄는구나.

말이
움직인다!

별궁은 실로 적막
하고 가녀린 몸은 바깥
구경을 못 했네. 늘 억눌려
사는 삶은 꼭 새장 속의
새를 닮았네.

훨훨 나는 제비
멀리 서강에 모이니
눈앞에는 높은 산이요.
강물은 도도히
흐르네.

저기 봐, 기러기 한 마리가 떨어진다!

이럴 수가!

기러기가 공주님의 비파 소리에 감동해서 떨어졌나 봐요.

춘추 때 서시는 물고기가 물속으로 숨을 만큼 아름다웠다는데, 소군 공주는 기러기를 떨어 뜨리는구나!

왕소군 일행은 황량한 사막을 거쳐 흉노에 도착했다.

다들 들어라. 왕소군은 새로운 내 연지*다!

새 연지가 정말 아름다우십니다!

* 연지|閼氏
  흉노 왕인 선우의 비를 가리킴.

여긴 내 본부인 전거요. 서로 인사들 나누시오.

반가워요.

흉노와 한의 우의를 기념하기 위해 왕소군을 이제부터 '영호연지'라 칭하겠다!

왕소군은 호한야 선우의 총애를 받으며 흉노 생활에 잘 적응해 갔다. 그런데 2년 후 호한야 선우가 갑자기 병에 걸려 세상을 뜨고 말았다.

흉노에 온 지 2년 만에 호한야 선우가 세상을 떠나는 바람에 아기와 나만 남았구나.

영호연지님!

엉아, 엉아, 아나 둬!

조도막고 선우, 무슨 일로 절 찾아왔나요?

저는 호한야 선우의 장자로 선왕의 왕위를 계승했습니다.

흉노의 규칙에 따라 신임 선우는 전임 선우의 연지를 아내로 맞아야 합니다.

네?

저에게 시집와 연지가 돼 준다면 당신과 아이를 잘 돌보겠소!

까르륵!

기왕 흉노에 시집왔으니 흉노의 규칙을 따라야겠지.

부탁이 하나 있는데 꼭 들어 주셨으면 해요.

뭐든지 말만 하시오!

한나라와 계속 사이좋게 지내 주세요.

염려 마시오. 내 꼭 두 나라의 평화를 약속 하리다.

왕소군의 노력으로 흉노와 한은 60년간 평화를 유지했다. 왕소군이 죽은 후 흉노는 그녀를 대청산에 안장하고 이곳을 '청총'이라고 불렀다.

왕망이 왕위를 찬탈하다

기원전 7년, 한 애제哀帝 유흔劉欣이 즉위하자 외척인 부傅태후 일가의 세력이 점점 커졌다. 태황태후 왕정군은 이를 우려해 조카인 대사마 왕망을 궁으로 불러 대책을 논의했다.

왕망아, 부씨의 기세가 날로 등등해지는 꼴을 내 두 눈 뜨고 못 보겠다!

부씨의 기세가 높아질수록 우리에게 결코 나쁜 일이 아닙니다.

그래?

부씨 사람들은 너무 교만해 대신들의 미움을 사고 있습니다. 이때 우리가 겸손하고 예의바른 모습을 보여 주면 대신들은 오려려 우리를 지지하게 됩니다.

그렇구나! 왜 그 생각을 못 했지?

그때 우리가 대신들과 손을 잡고 부씨를 조정에서 몰아내는 겁니다!

역시 조카는 너무 똑똑해.

식은 죽 먹기!!

할마마마, 어마마마, 짐이 한 잔 올리겠습니다!

폐하의 효성이 정말 지극합니다.

아오, 깜짝이야!

탁!

부태후는 어찌 태황태후 옆에 앉아 있는 것이오!

태황태후와 부태후는 폐하의 어른이시니 당연한 것 아니오?

헛소리 마시오!

태황태후는 태후의 어른이신데 어찌 둘이 나란히 앉을 수 있소?

즉시 태후의 자리를 옮겨야 합니다!

궁 안의 일을 언제부터 외부인이 관여했소?

탁!

뭐, 자리를 옮겨? 웃겨!

태후께서 열 받으셨어.

왕망이 호랑이 수염을 건드리고 말았구나.

부태후의 미움을 사게 된 왕망은 이튿날 입궁하여 사직을 청했다.

폐하, 신은 대사마 직에서 물러나려 합니다.

뭐요?

갑자기 왜 저래…

어제 태후께 죄를 범해 더는 조정에 머물 수 없습니다.

맘대로 해라. 귀찮아!

윤허하겠소.

감사합니다, 폐하!

그런데 왕망이 궁을 떠나는 길에 대신들이 삼삼오오 그를 마중 나왔다.

이렇게 배웅해 주셔서 고맙소.

왕 대인은 부씨에게 쫓겨난 것이나 마찬가지요.

부씨가 너무 심했어.

반드시 돌아와서 우리와 함께 부씨를 몰아냅시다!

애제는 날마다 술과 향락에 빠져 있다가 24세로 세상을 떠났다. 뒤를 이어 황제에 오른 평제平帝 유기자劉箕子는 나이 겨우 8세였다. 태황 황후는 왕망을 보정대신에 임명하고 안한공에 봉했다. 왕망은 즉시 대신들과 연합해 조정의 부씨 일족을 모두 쫓아냈다.

조정을 독차지한 기분이 정말 끝내주는구나!

대인은 보정대신이라 언젠간 대권을 폐하에게 넘겨주어야 합니다. 하지만 대인께서 확실히 대권을 손에 쥘 방법이 있습니다.

오, 그래? 무슨 방법인가?

대인이 직접 황제에 오르는 겁니다!

헉, 난 황위를 찬탈하는 짓은 절대 할 수 없네!

폐하께서 친정을 하시면 분명 외척을 등용할 테고, 또 대인의 방패막이 돼 주는 태황태후께서는 연로하시지 않습니까?

태황태후께서 돌아가시면 난 끝장이지.

하지만 황제가 되려면 명분이 있어야 할 텐데…

이 일은 하나씩 서서히 준비하시면 됩니다.

가장 먼저 신하들이 대인을 따르게 만드는 것이 중요합니다.

왕망은 이를 위한 준비 작업에 착수했다.

이것은 월상씨가 바친 흰 꿩입니다.

주나라 때 월상씨가 주 성왕에게 흰 꿩을 바친 일이 있었잖아?

그때 보정대신이 바로 주공 단이었지!

그럼 왕 대인이 이 나라의 주공 단이겠구나!

다들 진심으로 날 위하는 분위기다.

흐히!

여론을 자기편으로 만든 왕망은 드디어 야심을 밖으로 드러냈다.

무공현에서 "안한공망은 황제가 되어라"라고 쓴 돌이 발견되었습니다.

태황태후께서는 하늘의 뜻에 따라 안한공을 대리 황제로 삼으라는 조서를 내리십시오.

누굴 바보로 아느냐? 그건 사람이 쓴 것 아니더냐?

설사 사람이 썼다 해도 오늘 반드시 조서를 내려야 합니다!

내가 정말 늑대 새끼를 키웠구나!

태황태후께서 나에게 황제의 직무를 맡겼으니 이제부터 날 대리 황제라 부르시오!

대리⋯

황제⋯?

95

대리 황제라도 정식 호칭이 꼭 필요합니다.

그럼 '섭황제'라고 부릅시다!

오, 그거 괜찮은 이름이구려.

만족!

몇 달이 지나자 왕망의 욕망이 꿈틀거리기 시작했다.

한동안 대리 황제 노릇을 했더니 슬슬 진짜 황제가 돼 보고 싶은걸.

대리는 지겨워…

진짜 황제는 전국 옥새로 명을 내리는데 옥새가 태황태후의 손에 있으니……

뺏어 오면 그만이다!

섭황제께
옥새를 내어
놓으시지요.

꿈도 꾸지 마라!
옥새를 왕망 같은
흉악한 놈에게
절대 줄 수 없다!

그럼 달리
방법이 없군요.

어떻게
이런 일이!

흥!

곱게 줄 줄
알고?

탁!

아이고,
옥새가
부셔졌다.

어?
옥새 모서리가
왜 깨졌느냐?

용서해
주십시오. 태황
태후께서 옥새를
던지시는 바람에
그만……

됐다. 장인을
불러 깨진 부분을
금으로 때우도록
해라!

명에 따르
겠습니다!

휴~

왕망이 금으로 깨진 모서리를
상감했다 하여, 훗날 이를 '금상
옥새'라고 불렀다.

서기 8년, 왕망은 정식으로
황제에 등극해 나라 이름을
'신新'으로 바꾸었다.

유수가 녹림군에
가담하다

왕망은 제위 찬탈 후 전국의 토지를 국유화하여 '왕전王田'이라 부르고 누구의 매매도 불허했다. 동시에 네 차례 화폐 개혁을 단행하여 돈을 마구 찍어냈다. 이로 인해 결국 사회가 크게 혼란에 빠져 각지에서는 녹림綠林, 적미赤眉 등의 기의가 폭발했다.

유수!

이통, 무슨 일이야?

천하가 크게 어지러운 지금이야말로 거사할 좋은 기회야! 넌 황족이니까 한 왕실 부흥의 명분도 있잖아.

지금 함께 모반을 일으키자는 거야?

그래!

우리 형 유연*이 네 이복형을 죽였는데도 내가 밉지 않아?

자꾸 헛소리 할래? 그 일은 이미 잊은 지 오래라고!

그럼 어쩔 계획인데?

난 일족을 이끌고 남양에서 기의할 거야.

그럼 당장 집에 가서 형과 일족들을 모아 너희와 호응할게.

좋았어!

* 유연劉演
유수의 친형. 유수와 함께 거병해 여러 차례 신나라 군대를 무찌르는 공을 세웠지만 경시제의 미움을 사 피살되었다.

유수는 형과 함께 기의를 일으키려 일족 설득에 나섰다.

유연, 네가 모반 같은 나쁜 일에 우릴 끌어들이려고 하느냐!

유연은 눈만 높고 재능이 없어서 그를 따랐다간 죽음을 자초하는 거라고.

맞아!

저와 형은 이미 거사를 결정했습니다!

역시 내 동생!

성실하기로 유명한 유수가 반란에 뛰어들다니……

보아하니 유연도 마음을 굳힌 것 같아.

모반은 구족을 멸하는 죈데 우리도 구족의 일원이잖아.

그럼 우리도 저들을 따라가자!

하지만 이통과 연합하려던 이들에게 절망적인 소식이 전해졌다.

이통이 모반을 일으켜 멸문지화*를 당했다는 포고문이 성벽에 붙었어.

전에 이통과 모의했던 계획이 전부 수포로 돌아갔군요.

그래.

그럼 차라리 녹림군이나 적미군에 합류하는 건 어떨까요?

족형 유현이 녹림군의 경시장군으로 있으니 우리를 받아줄 게다.

* 멸문지화滅門之禍
　가문이 모두 없어지는 큰 재앙.

유수와 유연은 일족들을 거느리고 남양으로 들어온 녹림군에 가담했다.

녹림군에 합류한 후 처음으로 치르는 전투이니 모두 분발합시다!

유수는 특이하게도 밭 가는 황소를 타고 있네.

자기가 노자라도 되는 줄 아나 봐!

하하하…

나는 주나라의 명장 황비호처럼 소를 타고 싸우는 거라고.

돌격하라!

으악~

신나라 군대가
패해 달아났습
니다!

다들 전투를
치르느라
수고했소.

장군, 큰일
났습니다!

왜
그러시오?

장군의 일족과 일부 병사들이 전리품을 놓고 싸우고 있습니다.

뭐?

우리 편끼리 싸움을 벌이다니.

이얍

모두 멈추시오!

유씨 일족은 들으시오! 우리가 전쟁터에서 목숨 걸고 싸우는 건 신나라 왕망을 물리치고 한 왕실을 부흥시키기 위함이오!

그런데 고작 재물 때문에 힘을 합쳐야 할 형제를 죽여서야 되겠소?

우리가 잘못했어.

유수의 말이 옳아.

이 상자는 녹림군 형제들에게 드리겠소.

유수는 대인배로구먼. 이제 우리도 유수의 명을 따르자!

유수는 이 일로 녹림 군에서 커다란 명망을 얻었다.

얼마 후 녹림군은 왕망의 신나라에 대항할 정권을 수립하기로 결정했다.

효경황제의 후예인 유현을 황제로 옹립하시는 데 다들 동의하시리라 봅니다.

전 반대합니다! 왜 제 의견은 물어 보지 않습니까?

그런 것이 아닙니다.

유연, 나를 질투하는 겐가?

만약 우리가 황제를 추대하면 청주의 적미군도 황제를 추대할 게 분명합니다. 황제는 양립할 수 없으므로 결국 양측은 격전을 벌이게 됩니다.

우리가 자네를 황제로 추대해도 반대할 텐가?

우리와 적미군이 싸워 쌍방이 모두 피해를 입으면 왕망만 어부지리를 얻습니다!

흥!

유연 장군의 말이 맞습니다!

그렇지!

왕상, 네가 감히 날 배신해?

어르신의 결정에 누가 감히 반기를 드느냐!

장앙, 너무 무엄하구나!

흥, 내가 널 무서워할 줄 알고!

다들 그만 하십시오!

형님, 사람들 말대로 유현을 황제로 옹립 합시다!

하… 하지만.

유연, 네 동생마저 널 따르지 않는구나!

도량이 넓은 대인께서 제 형님과 다퉈서야 되겠습니까?

당연히 아니지.

흥! 조만간 저 짜증나는 유연을 죽이고 말겠어.

109

황제는 연호가 있어야 하는데 생각은 해 두셨습니까?

아직 아니다.

다들 대인을 경시장군이라고 부르니 연호를 경시로 하는 것이 어떨까요?

경시라 ……

좋다, 경시를 연호로 삼자!

앗싸! 내가 황제다!

경시제更始帝 유현은 등극 후 유연을 대사마에, 유수를 태상편장군에 봉했다.

왕망은 유현이 황제를 칭한 소식을 듣고 대사도 왕심과 대사공 왕읍에게 대군을 이끌고 곤양昆陽으로 가 녹림군을 궤멸하라고 명했다.

유수가 곤양 전투를 대승으로 이끌다

23년, 대장 왕읍과 왕심은 43만 대군을 거느리고 곤양에 주둔한 녹림군을 일거에 무너뜨릴 기세로 쳐들어 왔다.

유수, 적진을 염탐한 결과를 보고하라.

음, 놀랄 텐데…

왕봉 장군, 신나라는 군사가 많고 군중에서 호랑이, 표범, 코뿔소, 코끼리를 기르고 있습니다.

무시무시 하구나!

호랑이, 표범…?

111

다들 해산합시다. 여기 있다간 뼈도 못 추려요!

맞아. 난 내일 고향으로 내려가겠어.

왕읍이 성 아래에 이른 후 우리 군대가 퇴각하는 걸 보면 분명 추격해 올 것이니 곤양을 벗어난다 해도 목숨을 부지하기 어렵습니다!

유수, 태상편장군 주제에 감히 어딜 끼어드느냐!

우씨, 발언도 못 하냐!

그만하시오.

왕 장군······

신나라 군대가 성을 완전 봉쇄했습니다!

뭐라고?

나가서 한번 봅시다.

맙소사! 사방이 온통 신나라 군사 천지야!

빨리 포위를 뚫고 나가 구원병을 요청해야 승산이 있습니다.

지금 장난해? 겹겹이 쌓인 저 적진을 뚫고 나간다고?

난 개죽음 당하기 싫어!

그러면 제가 가겠습니다.

무슨 장군들이 저래…

이에 유수는 기병 10여 명을 뽑아 밤이 되길 기다렸다.

한밤중에 신나라 군대의 방비가 소홀한 틈을 타 재빨리 포위를 뚫고 나가자!

으악!

마침내 포위망을 뚫었다.

언현은 곤양에서 가장 가까우니 그리로 가 구원병을 요청하자!

언현

괜히 갔다가 개죽음만 당한다고.

중과부적이라 신나라 군대를 이기긴 어렵지 않을까?

순망치한이라 했소. 곤양이 무너지면 왕읍의 다음 목표는 바로 언현이오!

115

유수의 말도 일리가 있어.

그럼 아직 늦지 않았으니 빨리 출병하자고!

유수는 또 정릉으로 달려가 구원병 차출을 설득했다.

곤양의 포위가 물샐 틈이 없어서 유수는 성 안의 군대와 연락할 방법이 없었다. 이에 그는 한 가지 묘책을 생각해냈다.

곤양성 밖

얼마 안 되는 군사로 나와 싸우겠다고?

왕읍, 기고만장하지 마라. 누가 지고 이길지는 겨뤄 봐야 아는 법이다.

유 장군이 저렇게 용감하게 나서니 우리도 자신감을 가지자!

응!

돌격!

와ー

군대를
물려라!

아직 제대로 붙어
보지도 않았는데
철수라니요?

나에게
방법이 있으니
내 말대로
하시오!

미끼를 던졌으니
왕읍이 걸려
들어야 할 텐데
……

왕읍의 군영

혼전 중에 편지 한 통을 주웠는데 수신인이 유수로 되어 있습니다.

오호!

빨리 가져와라!

우리는 이미 완성을 출발해 곤양으로 가고 있다… 낙관은 유연이군.

왕심, 이 편지는 적의 속임수가 아닐까?

이 편지는 진짜라고 생각됩니다.

완성 장수 유연은 유수의 친형입니다. 동생이 곤경에 빠졌는데 형이 어찌 앉아서 보기만 하겠습니까?

완성 군대는 전투력이 강하고 군사도 많은 적미군 최정예 부대이다.

그들과 교전한다면 우리도 승리를 장담하기 어렵다.

군사들에게 휴식을 취하게 해 기력을 충전한 다음 완성 군대를 맞아 싸우십시오!

이 소식이 곧장 유수의 귀에 들어갔다.

왕읍이 가짜 편지를 진짜로 믿고 있습니다.

예상대로 속아 넘어갔군.

신나라 군대의 방비가 분명 소홀할 테니 오늘밤 그들이 미처 손쓸 겨를이 없는 틈을 타 기습한다!

참, 신나라 군대의 호랑이와 표범 등은 어떻게 대처할 생각 입니까?

하마터면 맹수를 잊을 뻔했군. 좀 더 생각해 보리다.

사람도 힘든데 맹수까지, 에효…

오늘은 먹구름이 잔뜩 낀 게 밤에 분명 비가 내리겠군.

책에 보면 맹수는 우레 소리를 들으면 놀라서 오히려 주인을 공격한다고 씌어 있지.

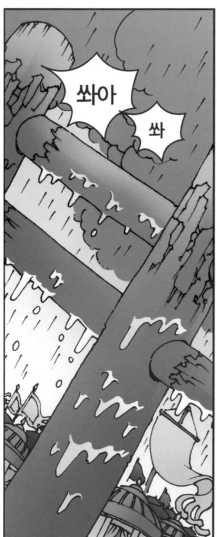
쏴아
쏴

돌격!

와!

우왕좌왕하던 신나라 군사들은 유수의 군대에게 패해 치수까지 내몰렸다.

철썩

철썩

끝장이다. 더 이상 달아날 곳이 없어……

폭우가 쏟아져서 강물이 엄청나게 불어났어.

사람 살려!

우리 모두 항복 하겠습니다!

하늘의 도움을 받아 유수는 곤양 전투를 기적적인 대승으로 이끌었다. 신나라 주력부대가 궤멸되자 왕망 정권은 위태해지기 시작했다.

한下

◦ 광무제가 동한을 개국하다

◦ 노익장을 과시한 마원

◦ 고개가 뻣뻣한 낙양령 동선

◦ 불교가 중국에 전파되다

◦ 반초가 서역에 사신으로 가다

◦ 제지술과 지동의의 발명

◦ 황제도 죽인 발호장군 양기

◦ 절대권력 환관과 맞선 이응

◦ 대규모 농민 반란, 황건군 기의

趙下

漢

인물소개

호양공주湖陽公主
이름은 유황劉黃으로
유수의 누나이다.

광무제光武帝
동한의 개국황제로 이름은 유수劉秀
이다. 신나라 말년에 형과 함께
기병했으며, 25년, 하북에서
황제를 칭하고 동한을 건국했다.
천하를 평정한 후에 생산력을
발전시키고 유학을 부흥하여
2백 년 동한 왕조의 기반을 닦았다.

마원馬援
동한의 개국공신으로
신식후新息侯에 봉해졌다.
천하 통일 후 많은 나이에도
불구하고 종군을 자청해
서쪽의 강족을 정벌했다.
그의 노익장과 '마혁과시
馬革裹屍'의 기개는 지금까지도
칭송받고 있다.

동선董宣
동한 초기에 낙양령
등의 관직을 지냈다.
강자 앞에서도 두려움
없이 법을 엄격하게
집행하기로 이름났다.

반초班超
동한의 유명한
군사가이자
외교관이다. 서역에
사신으로 가 한나라와
서역 간의 경제 · 문화
교류를 촉진하는 데
지대한 공헌을 했다.

채륜蔡倫
동한의 환관. 중국의 4대 발명품 중 하나인 제지술 개량에 큰 공을 세웠다.

장형張衡
동한 시기의 위대한 천문학자이자 수학자, 발명가, 지리학자이다. 중국 천문학과 기계 기술, 지진학 발전에 큰 업적을 이룩했다.

양기梁冀
동한 때의 외척으로 조정 권력을 멋대로 쥐고 흔들었다. 도당을 이루어 사리를 도모했으며 조정 관료를 양씨 일족으로 채웠다.

이응李膺
동한 시기의 대신으로 성품이 매우 고결했다.

장각張角
동한 말기에 '황건군黃巾軍 기의'를 이끈 인물로 태평도太平道를 창시했다.

광무제가 동한을 개국하다

곤양 대전 이후 유수는 왕망에 반대하는 군대에 가담해 잇달아 전투를 치렀다. 이때 그의 형 유연이 경시제 유현에게 살해당하는 사건이 벌어졌다.

오한, 내 형이 비참한 죽음을 맞았다는구나!

엉아~

유현이 황제가 된 후 공신들을 함부로 죽이고 있습니다!

주공, 명령만 내리시면 즉각 유현을 죽여 형님의 원수를 갚겠습니다!

너무 흥분하지 마라.

우리 힘이 경시제에 미치지 못하니 지금은 참아야 한다.

나는 상을 치르러 돌아가 봐야겠다.

주공!

완성

제 형이 법률을 어겼으니 참형에 처함이 마땅합니다.

그대가 그리 생각해 주니 다행이네. 짐도 어쩔 수 없었던 일이었어.

반란이라도 일으킬 줄 알았더니…

큰 공을 세운 그대를 무신후에 봉하겠다.

감사 합니다.

과자 사세요!

떨이요, 떨이! 닭튀김이 쌉니다!

젊었을 때 장안에 갔다가 집금오의 행렬을 보고 무척 부러워했었지.

집금오는 금위군의 수장이니 행렬이 으리으리 했겠죠?

그래. 당시 내 포부도 그에 못지않았는데.

전에 "벼슬을 하려면 집금오, 처를 얻으려면 음려화" 라고 했던 맹세가 떠오르는군.

음려화요?

신야의 그 미인 말인가요? 주공께서 오매불망하셨군요.

쓸데없는 소리! 그냥 내 첫사랑일 뿐이다.

주공은 지금 후에 봉해져 지위가 집금오 보다 높으니 음려화를 부인으로 맞는 건 식은 죽 먹기 아닙니까?

그렇긴 하지?

이렇게 해서 유수는 음려화를 아내로 맞았다.

경시 원년(23년) 9월, 녹림군은 반 왕망 세력을 규합하여 순조롭게 장안을 점령했고 왕망은 점대로 달아났다가 상인 두오에게 목이 잘렸다. 이로써 왕망의 신나라 정권은 막을 내렸다. 10월에 유현은 낙양을 도읍으로 삼았다가 이듬 해 다시 장안을 수도로 정했다.

유현이 하북에서 스스로 왕에 오른 왕랑을 토벌하라면서도 군대를 내주지 않은 건 우릴 해하려는 의도가 분명합니다.

그래도 하북이 황제 곁보다는 더 안전하잖아.

주공도 참 낙관적 이십니다.

이랴

주공, 기다리십시오!

등우*, 때맞춰 잘 왔네.

*등우鄧禹
동한의 개국공신이자 명신이다.

132

주공은 군사가 적지만 경시제의 권장*이 있고, 왕랑은 세력은 강하지만 사람들이 믿고 따르지 않습니다.

하북의 형세가 복잡하여 유씨 왕족이 왕랑을 지지하고 지방 토호를 억압하니 제가 주공을 위해 토호들을 우리 편으로 끌어 들이겠습니다.

앗싸!

멀리 내다보면 경시제는 반드시 멸망 하고 말 겁니다. 그러니 주공은 하북을 점령하고 근거지로 삼으십시오.

내 의중을 제대로 꿰뚫었구나! 자네를 얻은 건 고조께서 장량을 얻은 것과 같다!

과찬이십니다. 일이 지체돼선 안 되니 저는 바로 하북 토호를 설득하러 가겠습니다.

부탁하네!

* 권장權杖
지도자의 권력을 상징하는 지팡이.

유수가 하북에 당도해 가혹한 법령을 폐지하고 백성들을 위로하자 사람들이 속속 유수의 군대에 가입했다.

처음 하북으로 건너왔을 때 이런 대군이 모일 줄은 상상도 못했습니다.

주공, 큰일 났습니다!

오한, 상황이 어떠하냐?

진정왕 유양과 유씨 왕족이 왕랑을 지지하며 군대를 파견해 우리를 막고 있습니다.

이 난국을 어찌 타개할꼬?

제가 각지의 기병 수만을 동원해 기필코 왕랑을 막겠습니다.

경엄, 자네만 믿겠네.

그리고 왕족들 사이에 골이 매우 깊으니 주공은 진정왕 유양을 제압하는 데 힘쓰십시오.

그리 하겠네.

유수 군영

유양이 주공께서 자신의 조카와 혼인하신다면 우릴 지지하겠다고 합니다.

유양의 조카는 하북의 대부호 곽씨의 딸이자 효경황제의 8대 외손녀입니다.

배경이 그렇게 든든하다면 반드시 정실로 삼아야 할 텐데……

주공, 유양 수하에는 정예병 10만이 있습니다!

그러면 음려화는 어쩌지?

음려화에겐 미안하지만 혼사를 진행하라.

넵.

다들 맘껏 드십시오!

이제부터 우리는 한집안 사람이네.

외삼촌과 저는 모두 고조 황제의 자손이니 본래 식구가 아닙니까!

맞는 말이야. 지금부터 내 병사는 자네가 관리하게.

감사합니다!

136

유수는 혼인을 통해 유양의 10만 대군을 접수하고 왕랑과 결전을 치렀다.

모두 돌격하라!

와!

와아-

137

왕랑의 반군을
한 놈도 살려
두지 마라!

저기
경엄의 기병이
옵니다!

잘됐다.
적을 양면에서
협공한다!

와ー

왕랑의
군대가 철수
하는데 왜 쫓지
않으십니까?

쫓을 필요 없다.
먼저 한단성을
점령하자!

이번 대승은 모두가 한마음으로 힘을 모은 결과요. 이로써 하북은 거의 평정되었소.

경시제가 관원들을 파견해 하북을 접수하고, 상을 내리겠다는 이유로 주공을 장안으로 불러들이려 합니다.

황제는 조카가 맘에 걸려 실권을 빼앗으려는 속셈이야.

내 형을 죽인 원한을 꾹꾹 참은 지 오래니 이제 결별할 때가 되었다!

저도 바로 이날을 기다렸습니다!

오한, 파견된 관원들 중 항복하는 자는 받아들이고 거부하는 자는 죽여 버리게.

25년, 유수가 황제로 등극하니 그가 바로 광무제이다. 9월에 적미군은 장안으로 쳐들어가 경시 정권을 뒤엎고 장안을 점령했다. 유수는 적미군 평정에 나서 26년 12월에 반란을 완전히 진압했다.

광무제 유수는 문무를 겸비하고 인재 기용에 뛰어났으며 나라를 현명하게 다스려, 그가 재위한 33년간을 후대인들은 '광무 중흥'이라고 칭송했다. 또한 유방이 건립한 한나라와 구별하기 위해 이를 '후한後漢' 또는 '동한東漢'이라고 불렀다.

노익장을 과시한 마원

마원은 동한의 대장으로 장기간 국경에서 소수민족과 전투를 벌였다. 44년, 마원은 교지국의 반란을 평정하고 경성으로 개선했다.

마원 장군, 고생 많으셨습니다.

오, 다들 이 늙은이를 마중 나오셨구려.

맹기, 나와 줘서 정말 기쁘네.

연로하신 장군께서 오랑캐 원정에 나서다니 정말 대단하십니다!

난 그대를 지기로 여겼는데 남들처럼 내 비위나 맞추는 얘길 하는 겐가?

예끼!

부끄럽습니다.

군인이라면 마땅히 마혁과시*해야 하는 법!

장군은 진정한 대장부십니다.

양송, 자네 부하들이 백성을 괴롭혀도 눈감아준다던데, 그래서는 안 되네.

그…그건 다 유언비어입니다. 절대 믿지 마십시오.

유언비어가 내 귀에 들어왔을 정도면 폐하 귀에도 들어갔을 것이니 알아서 잘 처신하게.

사람이 부귀해지면 항상 빈천했을 때를 생각하며 거만하지 말아야 하네.

* 마혁과시馬革裹屍
  말가죽으로 자기 시체를 싼다는 뜻으로, 전쟁터에 나가 살아 돌아오지 않겠다는 굳은 결의를 비유한 말이다.

호호……

저 노인네를 진짜!?

마원은 교지국 정벌에 성공했지만 병에 걸린 상황에서도 억지로 낙양으로 돌아왔다가 결국 쓰러지고 말았다.

아버님, 양 대인이 오셨습니다.

몸조리는 잘하고 계신지요?

음……

약소하지만 쾌차하시라고 선물을 가져왔습니다.

……

장군, 저를
무시하는 겁니까?
왜 한 말씀도 하시지
않습니까?

막강한 권력을
가진 양송에게 왜
답례조차 하지
않으셨어요?

양 대인……

흥!

폐하께
아첨이나 떠는 저런
소인과는 말도 섞고
싶지 않다.

남만에서 폭동이 일어나 짐이 무위장군 유상을 보냈는데 전군이 전멸하고 말았소.

전에 짐과 함께 천하를 호령하던 장수들이 모두 늙어서 이제 짐의 걱정을 덜어줄 사람이 없구려.

장군의 나이 이미 예순둘이고 병상에서 일어난 지도 얼마 안 되었으니 참으시구려.

폐하, 신을 보내 주십시오!

쿡
쿡

대장부가 뜻을 품었다면 곤궁할수록 더 굳세야 하고 늙을수록 더 강건해야 합니다. 여든에도 군대를 이끈 염파에 비하면 신은 젊습니다!

145

그럼 짐에게
활솜씨를
보여주시오.

문제
없습니다!

활을
가져와라!

다 다 다

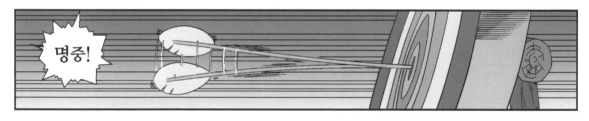

명중!

정말 정정
하시구려.

멋집
니다!

대장 마원은
4만 군사를 이끌
고 남만을 토벌
하시오!

명을 받들
겠나이다!

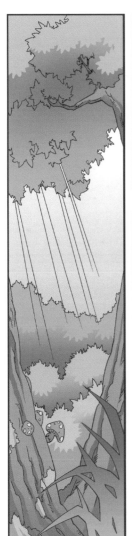

이 길은 좁고
나무가 울창해서
매복이 있을까
염려됩니다.

맞는 말이다.
마무, 전군에
경비를 강화하도록
일러라.

적이 온다.
다들 준비하라!

크크!

돌격!

당황하지 말고 전투 대형을 갖춰라!

어떤 전투 대형?

적이 이미 알아챘다. 철수하라!

쫓지 마라. 저들은 적의 정탐병 일 뿐이니 신속히 적의 소굴까지 진격한다!

충현으로 가는 길이 평탄하니 그쪽 길로 가시지요.

충현길은 너무 돌아가서 양식이 떨어질까 걱정이다.

아예 호두산을 넘어 적의 요충지를 치면 충현의 적들도 자연스럽게 물러갈 것이다.

늙은이 주제에, 쳇!

마원 군영

경서가 자신의 건의가 채택되지 않았다고 조정에 올릴 고소장을 쓰는 모양입니다.

음… 이런, 곤란하게 됐군.

군대는 일심단결 하지 않으면 승리할 수 없다. 빨리 공격에 나서는 게 좋겠다.

장군!

헉!

괜찮으십니까?

더위를 먹은 것 같아. 휴, 나이는 속일 수 없구나.

산 위에 숨지 말고 정면으로 맞서자!

우~~

자신 있으면 너희들이 올라와 보시지!

군사들이 이곳 풍토에 익숙하지 않아 이질에 많이 걸렸습니다. 이대로 가다간 어렵겠습니다.

남만의 대비가 철저해서 아무래도……

장군!

장군!

장군, 편안히 가십시오. 전선은 저희가 맡겠습니다.

성지가 도착했다!

양 대인?

마원은 경서의 충고를 무시하고 아군을 위기에 빠뜨렸으니 엄벌에 처하라는……

양 대인, 그만하시오. 장군은 이미 돌아가셨소.

♪♫~

훌쩍~

이렇게 허무하게 가다니?

마원은 죽었지만 그의 죄는 결코 용서할 수 없다!

양송, 이……

마원은 사후에 양송 등의 모함을 받았다가 수년 후 누명에서 벗어났다. 비록 승리를 거두지 못하고 죽었지만 그의 충정과 노익장, 마혁과시의 정신은 오랜 세월이 흐른 지금까지도 널리 회자되고 있다.

152

고개가 뻣뻣한 낙양령 동선

광무제는 비록 무력으로 천하를 차지했지만 나라를 다스릴 때는 법령에 의존했다. 그런데 광무제의 누나인 호양공주는 거만하기 짝이 없어 늘 법령을 지키지 않았다.

공주님, 제발 저 좀 살려 주세요.

무슨 일인데 그러느냐?

소인이 실수로 사람을 죽였는데 낙양령 동선이 절 잡으려고 해요.

흥! 개를 때리고 싶으면 주인을 봐야 하는 법인데 동선이 감히!

넌 이 궁 안에 머물도록 해라. 동선이 어찌 나오는지 두고 보자.

감사합니다!

호양공주의 궁문 앞

동 대인, 그 살인범이 호양공주의 궁으로 도망쳤는데 어떻게 할까요?

황실 종친이라도 법을 어기면 마땅히 벌을 받아야 한다. 우리가 궁에 함부로 들어갈 순 없지만 그놈이 평생 안 나오고 배기겠느냐?

너희들은 궁문을 잘 지켜라!

예!

154

동선이 소인을 잡으러 궁문 앞을 철통같이 지키고 있습니다.

사람 정말 귀찮게 하는구나.

아역*들이 종일 궁문을 지키고 있으면 공주님의 위엄이 실추될까 걱정입니다.

오늘 나를 따라 궁문을 나가자. 감히 너를 잡는지 두고 보겠다!

이랴!

비켜라! 공주님이 나가신다!

멈춰라! 너는 우리와 함께 관아로 가자!

* 아역衙役
  관아의 심부름꾼.

155

공주인 내가 여기 있는데 방자하구나!

잡아 보시지! 큭큭

공주님을 뵙습니다!

빨리 가자.

헤헤 ……

살인범을 잡으랬더니 여기 엎드려서 뭣들 하느냐?

도… 동선, 공주님께 가… 감히 무릎을 꿇지 않는 게냐!

일어나서 저놈을 당장 잡아들여라!

예!

공주님, 살려 주세요!

감히 내 시종을 잡아가다니. 살고 싶지 않은 모양이구나.

공주님은 폐하의 누이이니 폐하께서 반포한 법령을 솔선수범 해야 합니다.

감히 누구 앞에서 훈계야.

이만 실례 하겠습니다. 가자!

공주님!

동선, 폐하께 이 일을 일러 바칠 테다!

편하실 대로.

호양공주는 바로 광무제를 찾아가 자초지종을 낱낱이 고했다.

누님, 그만 화 푸세요.

동선의 죄를 꼭 다스려 주세요!

예예. 짐이 동선을 불러서 얘기할게요.

저벅

저벅

폐하, 부르셨습니까?

감히 호양공주의 시종을 잡아들이다니, 무례하구나!

여봐라, 동선을 끌어내 곤장 30대를 쳐라!

크큭~

폐하께 먼저 몇 말씀만 드리고 죄를 받겠습니다.

무슨 할 말이 더 있느냐?

법령은 폐하께서 친히 반포하셨는데 공주님의 범법을 묵인하면 이후에 누가 폐하를 따르겠습니까?

신은 차라리 기둥에 머리를 받고 죽겠습니다!

빨리 그를 말려라!

쿵!

이렇게 날 도발할 줄이야.

하지만 틀린 말은 아니야.

159

동선, 공주에게 머리 조아려 사과하고 마무리 짓도록 하자.

폐하, 이렇게 끝내 시게요?

누님도 그만하세요!

신은 잘못이 없으니 목이 달아날지언정 머리를 조아릴 수는 없습니다!

그의 목을 눌러 조아리 도록 하라!

그냥 넘어갈 순 없지!

절대 머리를 숙이지 않겠습니다!

폐하의 엄명입니다. 제발 고개를 숙이시오.

고집도 참…

동선의 목이 너무 뻣뻣하여 아무리 눌러도 숙여지지 않습니다.

그냥 그를 데리고 나가라.

어휴~

정말 목이 뻣뻣한 낙양령이구려.

전에 평민 시절에는 늘 도주범을 거둬 주시더니, 황제에 오르신 지금은 왜 도리어 주저하십니까?

동생, 왜 이래, 진짜?

그건 바로 짐이 황제여서 어떤 일이든 나라를 먼저 생각해야 하기 때문입니다.

그러니 누님도 제 뜻을 따라주세요.

꿍

법을 엄정하게 집행한 동선에게 상금 30만 냥을 하사하라!

헉, 상금까지?

낙양령부

와!
폐하께서 상금을
이렇게나 많이
내리셨어!

다들 수고했으니
이 돈은 사람 수대로
나눠 가져라.

정말
감사합니다!

잊지 마라. 이건
폐하께서 우리가
법을 공정하게 집행했
다고 내리신 격려금
이란 사실을!

예!

163

도련님, 아역이 옵니다!

내 아버지가 왕인데 아역이 감히 날 어쩌겠느냐?

낄낄~

흑~

호랑이 동선의 아역 들이라고요!

뭐하느냐? 빨리 도망 치지 않고!

동선은 광무제의 지원 아래 불법을 저지른 권문귀족들을 엄하게 다스렸다. 이에 낙양의 호족들은 그의 이름만 들어도 벌벌 떨었다.

불교가 중국에 전파되다

광무제 사후에 제위를 이은 명제明帝 유장劉莊은 뜻깊은 업적을 이룩했다. 그는 천축(지금의 인도와 네팔)에서 기원한 불교를 정식으로 중국에 받아들였다.

짐이 어젯밤 꿈속에서 신선을 만났소.

온몸에서 금빛이 나는 그 신선이 멀리서 짐 앞으로 날아와 말하기를……

뭐라고 했습니까?

말하기 전에 꿈에서 깼소.

부의, 식견이 뛰어난 그대가 보기에 짐작 가는 신이 혹시 있소?

폐하의 말씀을 들어 보니 중원의 신은 아닌 듯 합니다.

서방 천축에 '부처'라는 신선이 있다는데, 꿈속에서 보신 신선이 부처일지도 모릅니다.

부처는 온몸에서 빛을 발하고 하늘과 땅을 자유자재로 출입합니다.

오호~

정말 대단 하구려. 짐도 부처를 만나 보고 싶소.

그건 어렵지 않습니다. 천축에 부처의 수많은 제자가 있으니 몇 명을 불러 오면 됩니다.

오, 그렇다면 채음과 진경을 보내도록 하시오.

명을 받들 겠습니다!

채음과 진경은 시종 10여 명을 데리고 천축을 향한 여정을 떠났다.

채음, 천축은 대체 얼마나 먼 거야?

천축은 서역의 서쪽이래. 그런데 장건 이래로 서역을 갔다 온 사람마저 별로 없어.

왕망의 난 이후 흉노가 우리 내전을 틈타 서역을 점령해 버려서 이 길도 매우 위험하잖아.

채음과 진경 일행은 먼저 한의 국경 관문인 옥문관 에 다다랐다.

두 분 대인이 고생이 많소.

이 옥문관을 나가면 한의 영토가 아니니 더욱 조심 하십시오.

명심하겠 습니다.

이들은 옥문관을 나와 본격적으로 천축을 향해 발걸음을 옮겼는데……

이만 가 보겠소. 부처가 보우해 주길 바라야지요.

bye~

휙—

휙—

정신 차려. 저건 신기루 라고.

이 친구 완전 지쳤구먼.

정말 신기루네.

大실망

쏴~

쏴~

그나마 물을 찾아서 다행이야.

말 좀 물읍시다. 천축은 어떻게 갑니까?

쏼라쏼라, 쏼라쏼라.

통역, 대체 뭐라는 건가?

저도 도통 무슨 소린지……

열심히 말했는데.

휴, 통역도 모르면 대체 여긴 어디라는 거야?

됐어, 계속 가자고. 서쪽으로 쭉 가다 보면 천축이 나오겠지.

채음 일행은 사막의 매서운 모래바람과 싸우며 몇 날 며칠을 쉬지 않고 서쪽을 향해 걸어갔다. 그러던 어느 날……

봐, 앞에 큰 성이 보여. 이건 절대 신기루가 아냐!

저벅 저벅

어디서 오셨나요?

와! 이제 알아듣겠어. 어디서 왔냐고 물어 봅니다.

들려 들려!

머저리! 저건 우리말 이잖아.

당신들은 한족 이죠? 여긴 장사 하러 왔나요?

저희는 천축에 가려고 합니다.

힝, 너무 하셔.

혹시 여기가 천축 입니까?

천축은 아직 멀었 습니다.

171

여긴 대월지입니다.

대월지라고요?

둥 둥

고승의 불법 강의가 있어서 이만 가 봐야겠소.

고승이 누굽니까?

부처의 사신이오.

잠깬!

부처?

여시아문*,
어느 날 부처께서
사위국의 기수급고독
원에 계실 때……

이게 바로 폐하
께서 말씀하신
부처로구나.

설마
자네……

맞아.
저 고승을
모시고 가자.

방금 그 사람이
천축까지 한참
가야 한다고
말했잖아.

휴, 그니까
걱정이야.

헤헤, 이게
가장 수고를 더는
방법이라고.

지체하지
말고 당장
실행에 옮기자!

* 여시아문如是我聞
'나는 이렇게 들었다'라는 뜻으로 모든 불경 첫머리는 이 말로 시작한다.

채음과 진경은 고승을 찾아가 함께 한나라로 가자고 청했다.

더 많은 사람에게 불법을 전하는 것이 부처의 마음입니다.

좋아, 좋아~ ♬

빈승 축법란*과 사형 가섭마등*은 두 분과 함께 낙양에 가기로 결정했소.

정말 고맙습니다!

야호!

쏴 쏴 쏴―

* 축법란竺法蘭, 가섭마등迦葉摩騰
  동한 때 중국에 처음으로 불교를 전한 대월지국의 승려들로, 낙양으로 와 백마사에 머물며 포교에 힘썼다.

67년, 명제는 성을 나와 친히 두 고승을 맞이했다. 이로써 중국에 처음으로 불교가 전파되었다.

두 대사 분께서 오신단 얘길 듣고 짐은 며칠 동안 잠을 이루지 못했소.

폐하의 마음이 불법을 향해 있으니 부처의 복이자 폐하의 복입니다.

오느라 고생하신 두 분께 사원을 지어 드릴 테니 편히 쉬십시오.

감사합니다!

이 백마는 경전을 싣고 넓은 사막을 건너와 공이 작지 않습니다. 이 말을 기려 사원 이름을 '백마사白馬寺'로 명명해 주십시오.

좋은 이름 이오. 그렇게 정합시다.

또 한문에 능통한 축법란과 가섭마등은 불경 번역에도 주력하여 『사십이장경四十二章經』을 최초로 중국에 전했다.

방금 번역한 불경입니다. 어람해 보시기 바랍니다.

고맙소. 짐이 꼼꼼히 읽고 연구 하리다.

축법란과 가섭마등의 노력으로 불교는 중국에 뿌리내렸고, 백마사는 중국 불교의 발원지가 되었다.

반초가 서역에 사신으로 가다

62년, 반초의 형 반고가 교서 랑 직을 맡게 되면서 반초와 그의 모친도 함께 도성인 낙 양으로 이주했다. 반초는 집 이 가난하여 관부의 문서를 베끼며 생계를 이어 나갔다.

대장부라면 장건 처럼 공을 세워 출세 해야 하는데 날마다 글이나 베끼고 있으니, 원.

허풍 그만 떨어. 네 형이 아니었으면 이 일도 얻지 못했다고.

너같이 미래가 없는 인간이 어떻게 대장부의 뜻을 알겠어?

뭐어?!

난 군대에 들어간다!

반초!

73년, 대장군 두고가 **흉노**로 출격할 때 반초도 함께 참전했다. 두고는 그를 높이 평가해 서역에 사신으로 보냈다. 반초는 먼저 선선국을 방문했다.

오, 한나라 사신이 오셨군요. 환영합니다!

흉노가 서역에 들어온 이래로 정말 오랜만에 뵙는군요.

선선왕, 두 나라의 깊은 우의를 잊지 않아 주셔서 감사합니다.

일단 궁으로 들어가서 자세한 얘기 나누시죠.

그럼 실례하겠습니다.

폐하께서 절 보내신 것은 양국이 동맹을 맺고 흉노에 대응하기 위해서입니다.

음음~

들던 중 반가운 소리요. 반 대인은 한 잔 받으시오!

건배!

이상해.
선선왕이 갑자기
왜 우릴 피하는
거지……

최근 이곳
사람들도 우릴
너무 냉대하고
있어.

선선국에
변고가 일어난
건 아닐까?

why?

아무래도 흉노에서
사신이 온 것 같다.
선선왕은 흉노가 두려워
우릴 피하고 있어.

하미과 맛
좀 보십시오.

흉노 사신이
몇 명이나 왔소?
지금 어디에
있소?

지금 먹을 게
들어오겠어?!

네?!

179

어…
어떻게 아셨
습니까?

과연
내 예상이
맞았어.

빨리 말하지
않으면 죽여
버리겠다.

백여 명 정도
왔고, 서쪽 영채
에 있습니다.

다들 잘 들어라.
선선왕이 흉노에게 잘
보이려 언제 우릴 죽일
지 모르는 매우 위험한
상황이다.

저희가
어떻게 해야
하는지 명령만
내리십시오.

아~
심장이야.

범굴에 들어가야
범 새끼를 얻는 법!
흉노 사신을 죽이고
선선왕에게 흉노와
단교하도록
협박한다.

하지만 우리는
고작 30여 명뿐
이라서……

사람이 많고
적고가 대수
겠느냐. 내게
묘책이 있다.

반초는 어둠을 틈타 흉노의 막사에 불을 지르고 그들이 우왕좌왕하는 사이에 모두 죽여 버렸다.

흉노 사신 일당을 모두 죽였습니다.

수고했다. 이제 선선왕을 만나러 가자.

흉노가 한에 반역을 꾀해 내가 모두 죽였소. 대왕은 하실 말씀이 있습니까?

어… 없습니다.

흉노와 단교하고 제 아들을 낙양에 보내 조공을 바치겠습니다.

대왕은 역시 시류를 잘 아는 분 입니다!

반초는 선선왕을 핍박해 한나라와 우호를 맺게 하는 큰 공을 세웠다. 황제는 그를 표창하고 다시 우전국에 사신으로 보냈다.

182

이건 대왕께 드리는 선물입니다.

한나라 같은 대국의 선물이 왜 이리 약소합니까?

애걔~

귀국은 이미 오래전부터 조공을 바치지 않아 놓고서 웬 선물 타령이시오?

시끄럽다!

황제께선 우전국이 흉노와 왕래를 끊고 한나라와 교류하길 원하십니다.

음... 생각할 시간을 주시오.

반초는 우전왕의 냉담한 반응에 어찌 대처해야 할지 고민을 거듭했다.

우전왕의 태도가 너무 거만합니다.

기분 나빠요…

급선무는 우전국이 흉노와 단교하는 것이니 사소한 예절은 신경 쓰지 마라.

여기서는 무속이 성행한다고 하니 무당의 생각에 촉각을 기울여라.

국사, 흉노와 한나라가 모두 사신을 보내왔는데 어디와 결맹해야 좋겠소?

흉노의 힘이 더 세고 우리와 거리도 가까우니 흉노의 미움을 사선 안 됩니다.

국사의 말이 맞아. 당장 가서 한나라의 제의를 거절하겠네.

한 가지 더, 그들 사신의 말이 멋지던데 저에게 가져다주십시오.

고거 한마디 해줬다고!

무당이 우전왕에게 흉노와 가까이 지내라고 종용했습니다. 그리고 또……

쏙닥 쏙닥

음, 알겠네.

우전왕이 찾아왔습니다.

내가 알아서 할 테니 너희들은 물러가 있어라.

우전왕은 반초에게 자국이 한나라와 동맹을 맺기 어렵다는 뜻을 내비쳤다.

참, 국사가 그대들의 말을 원하는데 내주실 수 있겠소?

흥, 양심도 없구먼!

한의 풍습은 다른 사람이 내 물건을 원할 때 직접 주게 돼 있소.

국사가 직접 오면 그 자리에서 선물로 드리리다.

나라마다 풍습이 다르니 그 정도는 존중해 줘야지요.

그럼 국사에게 직접 가져가라 하고, 이만 가 보리다.

살펴 가십시오.

무당은 콧노래를 흥얼
거리며 한걸음에 반초
의 막사로 달려갔다.

직접 말을
가져가라고
하던데……

죽어라!

헉!

감히
우리 국사를
죽이다니!

죽고 싶지
않다면…

나를
우전왕에게
안내해라!

가고
있잖아!!

빨리 가게!

이자가
흉노와 결탁해
내가 목을
베었소!

앗!

터억.

감히 흉노와 결탁하는
자는 모두 이렇게 될
것이오. 한나라 대군이
이미 국경에서 출발할
채비를 하고 있소!

한나라와
동맹을 맺을 테니
제발 살려
주시오.

반초는 서역에서 잇달아 큰 공
을 세운 이후 아예 그곳에 오
랫동안 머물렀다. 그는 한나라
와 서역 간의 우호관계를 증진
하는 데 중대한 공헌을 했다.

제지술과 지동의의 발명

동한은 중국 역사에서도 과학기술 성과가 매우 두드러진 시대였다. 과학 인재가 수없이 많이 배출됐는데, 그중에는 제지술을 크게 개량한 화제和帝 때 환관 채륜이 있었다.

채륜, 이번에 네가 만든 칼을 금위군에 하사했는데 다들 훌륭하다고 칭찬이 자자해.

폐하를 위해 일할 수 있어 신은 영광입니다.

상소문이 당도했습니다.

휴, 또 저렇게나 많군.

매일 이 많은 상소문을 보는 것도 지긋지긋 하구나.

죽간에 쓰면 너무 무겁고, 직물에 쓰면 너무 낭비라……

끙

끙

대인은 재주가 뛰어나신데 대장간 관리나 맡고 계시니 재능이 너무 아깝습니다.

사실 난 휴대가 간편하고 값싼 필기도구를 만들고 싶다네.

190

저희 고향에서는 종이에 편지를 쓰긴 합니다.

종이라고?

종이는 대인 말씀처럼 휴대가 간편하고 값이 싸지만 사용하긴 불편하죠.

글자 쓰기가 불편하다면 다른 장점이 아무리 많아도 안 된다.

어쨌든 종이를 좀 보여 줘라. 개량할 만한지 생각해 보게.

채륜은 종이를 앞에 두고 이런저런 고민에 빠졌다.

이 종이의 단점은 재료가 나쁘다는 것인데, 재료만 개량할 수 있다면……

채륜, 상방령에 봉할 테니 각종 발명품을 책임지고 제조하라.

감사합니다, 폐하!

최근에 간편한 필기도구 제작에 몰두한다던데 진전은 있느냐?

부끄럽습니다만 아직은 제자리걸음입니다.

서둘러라. 날마다 죽간 수십 통을 보느라 힘들어 죽겠다.

다 다 다

상방령이 됐으니 여기저기 점검이나 한번 다녀 볼까.

휴, 팔 빠지겠다.

올해 실 생산량은 어떠하냐?

아주 좋습니다. 일손이 모자랄 지경이에요.

이건 뭐지?

실에서 나온 솜인데 쓸모없는 거예요.

끈기가 아주 좋구나.

옳지!

지금 뭐하세요?

도와주지는 못할망정!

바로 이거야! 드디어 종이 만들 재료를 찾았다!

하하!

이번에는 솜 외에 나무껍질, 헌 헝겊, 낡은 그물 등을 원료로 썼으니 틀림없이 성공할 거야.

종이가 완성된다면 그야말로 고물이 보물로 바뀌는 겁니다요.

105년, 채륜은 여러 공정을 거쳐 만든 종이를 화제에게 바쳤다.

오

네가 발명한 종이는 정말 편리하구나.

좀 더 손을 보면 필기하는 효과를 더욱 높일 수 있습니다.

짱이야!

완성되면 종이를 전국에 널리 보급하겠다.

감사합니다, 폐하!

194

채륜이 개량한 제지술은 중국의 4대 발명품 중 하나이며, 이로인해 중국 문화는 급속히 보급될 수 있었다.

채륜보다 15년 늦게 과학자인 장형이 태어났다. 그의 성과는 주로 천문과 지리 분야에 집중되었다.

천체는 달걀과 같아. 땅은 노른자고 하늘은 땅을 둘러싸고 있지.

앗!

콰 르 릉

지진이 난 건가?

이제 멈췄구나. 남방 어딘가에 지진이 발생한 게 분명해.

근심 걱정

들었어? 남방에 지진이 나서 사람이 많이 죽었대.

지진으로 땅이 갈라지면 외부와 연락이 끊겨서 구할 방법이 없다고.

에고, 역시!

그래, 지진을 탐지할 수 있는 기기를 만드는 거야!

장형, 뭘 그렇게 계속 만지작거리나?

지진을 탐지할 수 있는 기기를 만들고 있네.

지진은 신령이 노해서 일어난다고. 신령을 잘 받들어야지 필요 없는 기기는 만들어서 뭐하게?

멍청한 놈!

지금 날 욕한 건가?

132년, 수년의 노력 끝에 장형은 마침내 오늘날의 지진계와 같은 지동의地動儀를 발명했다.

두

둥

장형, 이걸로 정말 지진을 탐측할 수 있다고?

지동의의 여덟 개 용 머리는 여덟 방향에 대응합니다. 지진이 일어나면 대응 방향의 용 입에서 여의주를 토해내고요.

내가 지동의를 힘껏 두드리면 지진이 났다고 착각하지 않을까?

절대 그럴 리 없습니다.

하하!

얍! 헛!

뎅!

흥! 이렇게 두드려도 여의주가 떨어지지 않으면 진짜 지진이 나도 아무 반응이 없을 것 아닌가?

얼얼

이 장난감은 속임수라고. 어디 지진이 났다고?

하하!

댕그랑

서쪽에 지진이 났으니 폐하께 보고 하고 구호 준비를 하십시오.

사람 놀라게 하지 말게.

감히 맹세하는데, 정말입니다!

좋아. 이번 한 번만 믿어 보지.

이 지동의는
정말 신물이야!
농서에서 진짜 대지진
이 발생했어.

자네 발명품이
그대로 적중
했는데 기쁘지
않은 건가?

대재난이
발생했는데 뭐가
기쁘단 말입니까?

자네 말이 맞군.
폐하께서 이미
군대를 파견해
재난 구호에
나섰네.

머쓱~

안타깝게도 지동의는 전쟁
으로 유실되는 바람에 현재
실물이 전하지 않고 있다.

황제도 죽인 발호장군 양기

동한은 화제 이후로 재위를 이은 황제의 나이가 대부분 어려서 태후 및 그 가족들이 정권을 잡는 외척 전횡의 국면을 맞이했다.

질제質帝 때의 외척인 대장군 양기는 여러 황제를 거치며 20년 넘게 권력을 장악했다.

이 땅은 별장 짓기에 안성맞춤이다. 빨리 울타리를 쳐라!

그게, 이 땅 주인의 친척이 폐하께서 총애하는 환관이라서……

난 태후의 오라비다. 황제도 감히 날 건드리지 못하는데 태감 따위가 뭐라고? 그냥 빼앗아 버려라!

폐하, 양기가 멋대로 민가를 점령하고 인명을 살상하니 왕법은 아예 안중에도 없습니다.

끙—

그가 짐의 말도 듣지 않는데 짐이 뭘 할 수 있겠느냐?

무슨 황제가 이렇담?

양기의 전횡에 불만이 많았던 질제는 그의 간섭에서 벗어나고자 애를 썼다.

황하의 둑이 무너졌다고 하니 짐이 이재민을 방문해야겠소.

옳지!

안 됩니다! 그들은 법도 없이 사방에서 말썽을 일으키고 있습니다.

음… 짐이 친히 그들을 위문하면 말썽이 잦아들지 않겠소?

폐하께서는 지금 태감들에게 속고 계십니다. 이재민이 어디 있습니까? 모두 농사짓기 싫어하는 게으름뱅이일 뿐입니다.

양기, 네가 토지를 다 빼앗아 놓고서 백성들에게 어디서 농사를 지으란 말이냐?

감히 내게 소리를 질러?

203

여봐라, 당장 이 자를 끌어내 목을 베어라!

폐하께서 버젓이 계신데 어디 함부로 명을 내리느냐!

조정의 권위를 무시한 이자를 신이 죽이려 하는데 이견이 있으십니까?

지… 짐은 ……

주, 주먹 좀 치우시오.

폐하께서 이견이 없으시니 끌어내 목을 베어라!

폐하…… 폐하!

누가
황제인지,
원.

조용……

휴, 발호*
장군이 따로
없구나.

네?
발호장군
이라고요?

황제가 나에게
원망이 가득하군.
살려 둬서는
안 되겠어.

조정에서 톡톡히
망신을 당한 양기
는 질제를 독살하
기로 마음먹었다.

대장군,
어쩐 일이
십니까?

御膳房

* 발호跋扈
신하가 권력을 멋대로 휘둘러 윗사람을 무시하는 오만방자한 행동을 가리킴.

205

대장군, 지금……

폐하께 올릴 음식인데.

쓱쓱

방금 뭘 보았느냐?

소인은 아무것도 보지 못 했습니다……

다행이다. 그렇지 않았 으면 다음은 네 차례였다.

질제는 양기가 독 약을 뿌린 떡을 먹 게 되는데……

냠냠

방금 떡을 먹었는데 배가 너무 아프고 갈증이 심하오.

금방 물을 가져오겠습니다.

이런, 저놈이!

물을 마시면 토하니 안 된다. 이리 내놔라!

대장군 ······

폐하, 폐하!

콰당!

질제가 독살된 후 양기는 다시 황족 중에 15세 된 아이를 골라 제위에 앉히니, 그가 바로 환제桓帝이다.

Hi~

208

이곳은 이제 내 개인 화원이다. 내 명이 없이는 아무도 들이지 마라!

각지의 진귀한 토끼를 잡아서 화원에서 기르도록 하라!

웬 토끼?

예!

까꿍~♪

토끼가 정말 귀엽구나.

양기가 토끼 한 마리 때문에 사람을 죽인 일로 서역 사람들이 황궁 밖에 모여 항의를 벌이고 있습니다.

나도 방법이 없다. 지금 누가 양기를 제압할 수 있겠느냐?

그가 부녀자를 강탈하고 인명을 멋대로 빼앗으며 땅은 황실보다 더 많습니다.

그건 나도 알아!

그래도 모르시겠습니까? 이전 폐하께서는 양기에게 독살 당하셨습니다.

어느 날 그가 폐하께 불만을 품으면 똑같은 일을 당하십니다.

하지만 그를 어떻게 제거한단 말이냐?

염려 마십시오. 궁 안 사람들은 일찌감치 양기를 싫어했고 어림군도 우리 편입니다.

폐하의 조서만 있으면 양기를 잡아들일 수 있습니다.

좋다. 짐이 당장 써 주겠다.

환제의 조서를 받은 환관들은 어림군을 이끌고 불시에 양기의 집을 포위했다.

오늘도 돈 천만 관을 빼앗았어. 권력은 참 좋단 말이야, 하하!

지금 집이 군대에 포위 됐습니다!

누가 감히 나와 맞선단 말이냐?

앗!

황제가 궁 안의 태감들과 연합해 날 죽이러 왔구나. 다 내 업보로다.

어쨌든 20년간 권력을 잡았으니 가치 있는 삶이었다!

양기가 죽은 후 환제는 논공행상*을 하며 환관 다섯을 후侯에 봉했다. 이로써 정권은 외척의 손에서 환관의 손으로 넘어갔다.

* 논공행상論功行賞
  공적의 크고 작음 따위를 논의하여 그에 알맞은 상을 줌.

절대권력 환관과 맞선 이응

환제 때 환관이 권력을 장악하고 온갖 악행을 저지르자 일부 중소 지주 출신 관원과 태학생들이 잇달아 환관을 성토하며 개혁을 주장했다.

환관은 물러가라!

환관이 권력을 쥐고 매관매직을 일삼아서 나라가 엉망이 돼 버렸어.

당장 폐하께 이 사실을 고하러 가자고!

소용없어. 폐하께서도 환관에게 속고 계시니.

그럼 태위 진번과 사례교위 이응을 찾아가서 도움을 청하자!

그게 좋겠군. 진 태위, 이 교위에게 우리가 연명해서 편지를 올리자고.

태학생들이 또 연명해서 교위님께 환관을 뿌리 뽑아 달라 청원했습니다.

부임한 지 얼마 안 됐는데 고소장이 이렇게 많이 쌓인 걸 보니 환관이 재앙의 근원이 맞구먼.

대인께서는 덕이 높으셔서 백성들이 대인만 바라보고 있습니다.

큰일이야. 빨리 해결책을…

야왕령 장삭이 나쁜 짓을 일삼다가 백성에게 쫓겨난 후 낙양으로 도망쳤다고 합니다.

이자를 진즉부터 체포하려 했는데 제 발로 걸어 들어왔구나.

그런데 태감의 우두머리인 장양*이 장삭의 형이랍니다.

장양이 무슨 대수냐? 천자도 죄를 지으면 평민과 똑같이 처벌받는 법이다.

* 장양張讓
동한 말기의 환관. 환관의 우두머리 격으로 온갖 악행을 저질렀다. 황제가 '아버지'라고 부른 인물이기도 하다.

이응은 즉시 수하들을 이끌고 장양의 집으로 들이닥쳤다.

이곳이 장양의 저택입니다. 장삭은 틀림없이 여기 숨어 있습니다.

멈추시오. 여긴 장 대인의 집이라 함부로 들어갈 수 없소!

난리가 나겠구나.

나는 사례 교위다. 죄인 장삭을 체포할 권리가 있다!

장삭이 어디 숨어 있느냐?

쉿, …헉!

저쪽에 ……

여봐라, 기둥을 쪼개라!

아이고!

빠직!

내 형이 폐하께 청원하면 난 금방 풀려날 것이다!

장삭을 관아로 데려가 심문하라!

관아

장삭,
네 죄를 인정
하느냐?

이······
인정할
테니까

사면령이
도착할 때까지
형벌을 내리지 말아
주십시오.

기왕 자백
했으니 서명도
해라.

좋소.
서명도
하리다.

벌벌~

서명했으니
조금만 기다려
주심이······

네 죄는
거열형으로 다스려도
모자라다. 순순히 자백
했으니 당장 벌을
내리겠다.

흥,
기다리긴
뭘 기다려.

217

저자를 끌고 가 목을 베어라!

사면령이 곧 도착하면 넌 후회하게 될 것이다!

야호!

이응, 폐하 께서 내 아우를 풀어 주라고 명하셨다!

장양, 이미 늦었소. 그자는 이미 사형을 당했소.

네… 네놈이!

이응, 두고 보자.

분해!

왜 짐의 지시도 없이 먼저 죄인을 처결하고 나중에 보고하는 것이오?

전에 공자는 노나라 사구를 맡았을 때 부임 이레 동안 악인을 모두 주살했습니다.

하지만 신은 부임한 지 열흘 만에 하나를 죽였을 뿐입니다.

신은 악을 제거하고 선을 널리 알리고 싶습니다. 설사 이로 인해 죄를 얻어 죽더라도 유감이 없습니다.

흠~

장양, 빨리 이응에게 사과하시오.

폐하······

분명 그대 아우가 잘못을 저질렀고, 이 교위는 아무 잘못도 없소.

이응, 가만두지 않을 테다!

이응에게 불만이 쌓일 대로 쌓인
환관들은 자신들의 입지를 강화
하기 위해 자구책 마련에 나섰다.

가증스런
이응 놈이 정말
우릴 살려 두지
않을 모양이야.

난 지금 궁문
밖으로 나가기가
두려워. 괜히 꼬투리를
잡혔다가 큰일을 당할
것 같다고.

환관이 다
악인은 아닌데 왜
우릴 다 못 죽여서
안달인지.

이럴
바에는 우리가
선수를 치자!

우리가
연합해서
이응을 고발
하는 거야!

좋아,
그렇게
하자고.

이응이 태학생들과 결탁해 조정을 비방하고 풍속을 해쳐서 나라가 크게 어지러워졌습니다.

태학생들이 조정과 폐하를 심하게 욕하고 있습니다.

어찌 감히 그런 일이.

오냐오냐 했더니 짐을 아주 물로 보는구나!

폐하, 그들을 모두 잡아들일까요?

킥킥―

당장 잡아들이시오!

환관들은 병사를 동원해 집회에 가담한 일부 관원과 태학생들을 체포하기 시작했다.

이자들을 모두 잡아라!

빨리 도망치자.

갑자기 왜 이러시오!

윽!

조정을 비방한 일이 있느냐?

환관을 욕한 적이 있느냐?

철썩!

철썩!

철썩!

장양의 저택

태학생들이 자백했느냐?

고집이 세서 대부분 입을 열지 않습니다.

관건은 이응의 자백 이다.

그가 자백하긴 했습니다만.

이응이 자백했다고?

정말?

이응이 우리 사람까지 연루됐다고 자백하는 통에 손을 쓰기가 어렵게 됐습니다.

지친다. 너가 좀 해라.

우리도 피해가 크긴 해. 이응의 명성이 아주 높아서

많은 사람이 그를 위해 청원하고 있으니……

그럼 그들을 대부분 풀어 주고 우리의 관대함을 과시하는 게 어떻습니까?

풀어 주는 건 좋지만 이후에 그들이 관리가 되는 길을 원천 봉쇄해라!

좋은 생각입니다. 그렇게 폐하께 아뢰겠습니다.

환제는 마침내 이응 등을 석방했지만 평생 금고형에 처하고 벼슬에 오르지 못하게 했다. '당고黨錮의 화禍'라고 부르는 이 사건은 동한 때 두 차례 일어났다.

대규모 농민 반란, 황건군 기의

영제靈帝가 재위할 때 환관이 조정 대권을 쥐면서 부패가 극에 달했다. 이때 거록군의 장각은 우길*의 『태평청령도』 사상을 본떠 태평도太平道라는 교파를 창시했다.

오행이 윤회하여 금이 목을 이기니 귀신은 속히 물러가라!

이 약을 먹고 휴식을 취하면 몸이 나을 것이다.

감사합니다, 장 선생님.

장각

쉬익―

돈이 없으니 보답으로 이 쌀이라도 받아주세요.

이럴 필요 없네.

* 우길于吉
동한 말 도사. 약초를 캐러 산에 갔다가 만병을 치료할 수 있는 『태평청령도』라는 의서를 얻어 그 책에 적힌 도술로 의술을 펼치며 백성들의 존경을 받았다.

다들 고통 속에서 살아가고 있으니 서로 돕는 건 당연한 일 아닌가.

관리들이 재물을 다 수탈해 가서 살아갈 방도가 없어요. 이제 우린 어쩌면 좋죠?

조금만 더 참게.

내 반드시 백성들을 이 지옥에서 구해 주겠네!

결심!!

저희는 선생께서 하시는 일이라면 뭐든 지지합니다.

맞아요. 이 일대 백성들이 모두 선생을 믿고 따르고 있어요.

조금만 기다려라.

태평도를 따르는 백성들이 전국적으로 크게 늘어나자 장각은 두 아우와 함께 반란을 모의했다.

장량, 장보, 각지의 상황은 어떠하냐?

방금 청주와 서주를 다녀왔는데 그곳은 이미 준비를 마쳤습니다.

유주와 기주 역시 바로 봉기가 가능합니다.

수고했다. 민심이 우리 태평도를 향하고 있으니 부패한 한나라도 이제 끝이다!

형님, 시간을 정하고 전국에서 일시에 들고 일어납시다.

어서요!

푸른 하늘이 죽었으니 누런 하늘이 서리라. 갑자가 되면 천하가 대길하리라.

그럼 갑자일에 봉기할까요?

한나라는 수덕水德이고 우리는 토덕土德이다. 토는 수를 이기고 누런 하늘이 푸른 하늘을 대체하니 갑자일이 바로 기의의 길일이다.

마원의는 도성인 낙양에서 기의하여 곧장 궁으로 쳐들어가라.

마 대사, 우리가 기의하면 환관 서봉이 궁문을 열어 주기로 약조했습니다.

잘됐구나!

장 장군께서 기의 날짜를 갑자 일로 정했으니 사람들에게 낙양으로 모이라고 알려라.

분부대로 하겠습니다.

호호, 이 역적들을 고발하면 난 부자가 될 수 있어.

228

그는 관가로 달려가 모반 사실을 그대로 일러바쳤다.

뭐? 반란을 꾸미는 자가 있다고?

네!

틀림없습니다. 소인이 태평도 안에 섞여 있다가 갑자일에 반란을 일으킨다는 얘기를 똑똑히 들었습니다.

갑자일이면 얼마 남지 않았다. 빨리 행동을 취해야 한다.

이곳을 철통같이 포위해라! 한 놈도 살려 보내선 안 된다!

지금 관병들에게 완전 포위되었습니다.

제길, 그들이 어떻게 알았지?

밀고자가 있는 게 분명합니다!

넌 몰래 이곳을 빠져 나가 기밀이 누설됐다고 알려라. 난 여기를 끝까지 지키겠다.

대사, 저도 함께 있겠습니다.

시간이 없다. 그만 떠들고 빨리 가라!

몸조심 하십시오.

다 다 다

장군, 일이 누설돼 마 대사가 희생되었습니다.

흠

제길!

형님, 이제 어쩌죠?

관병이 곧 이리로 들이닥칠 겁니다.

시간을 앞당겨 기의하는 수밖에 없구나.

장각의 지도 아래 각지의 태평도들이 잇달아 기의했다. 기의한 농민들이 머리에 누런 두건을 써서 이들을 '황건군'이라고 부른다. 장각은 스스로 천공장군이라 칭했다.

이 탐관오리 놈아! 백성을 억압하고 온갖 악행을 저지른 죄, 오늘 하늘을 대신해 벌하겠다!

목숨만 살려 주십시오!

당장 끌어내 죽여라!

살려 주세요!

곡식 창고를 열어 백성들에게 나눠 주고

죄수를 모두 풀어 주고 우리 군에 가입시켜라!

천공장군 만세!

황건군은 파죽지세로
여러 지역을 점령하여
세력을 크게 확대했다.

탐관오리들이
여러분에게 잘못한
것은 우리와 아~무
상관이 없습니다.

오…
오지 맛!

흥! 너희들
지주와 관료 역시
한통속이다!

돌격!

와ㅡ

하진, 황건군의 기세가 등등하니 빨리 방안을 강구해 보시오.

신이 이미 노식과 황보숭을 보내 반란을 진압하도록 했습니다.

그런데 왜 아직까지 승전 소식이 없는 것이오?

그건......

지방 호족에게도 군대를 조직해 황건군을 막으라 했으니 반란은 곧 진압될 것입니다.

좋은 방법이오. 그들이 스스로 자신을 보호해야 짐이 돈을 아낄 수 있지.

234

황건군과 관군이 치열한 전투를 벌이던 이때에 불행히도 장각이 병으로 쓰러지고 말았다.

적의 대군이 압박해 오는데 병으로 누워만 있으려니 답답 하구나.

아~ 내가 꿈꾸던 세상이…

장군, 우리 구원병이 적에게 모두 격퇴되었 다고 합니다.

콜록콜록 ……

분부를 내려 주십 시오.

다음 권에 계속됩니다…